mans
ubert

Michel Martinez
Inspecteur d'Académie
pédagogique régional

MÉMO

Seuil

MÉMO

Collection dirigée par Jacques Généreux

Extrait du catalogue

LETTRES - FRANÇAIS

18. *Aborder la linguistique.* Dominique Maingueneau
19. *Les Grands Courants de la critique littéraire.* Gérard Gengembre
20. *Les Termes clés de l'analyse du discours.* Dominique Maingueneau
21. *Les Termes clés de l'analyse du théâtre.* Anne Ubersfeld
22. *L'Analyse des récits.* Jean-Michel Adam et Françoise Revaz
23. *L'Argumentation.* Christian Plantin
24. *Le Comique.* Jean-Marc Defays
25. *La Conversation.* Catherine Kerbrat-Orecchioni
26. *Le Roman.* Gilles Philippe
27. *Commentaire composé et Explication de texte.* Nathalie Marinier
28. *La Dissertation littéraire.* Hélène Merlin
46. *Aborder la poésie.* Hédi Kaddour
62. *Les Romans de Giono.* Véronique Anglard
63. *Réalisme et Naturalisme.* Gérard Gengembre
64. *La Phonétique du français.* Nicole Derivery
65. *La Nouvelle.* Franck Évrard
74. *Langage et Société.* Josiane Boutet
75. *La Tragédie grecque.* Christophe Cusset
95. *La Communication médiatique.* Guy Lochard et Henri Boyer
96. *Les Romans clés de la littérature française.* Yves Stalloni
97. *Les Romans de Flaubert.* Michel Martinez
98. *Les Figures clés du discours.* Marc Bonhomme
99. *Le Roman français contemporain.* Laurent Flieder

ISBN 2-02-030906-8

SOMMAIRE

1 LES ANNÉES DE FORMATION (1842-1852)

Le tableau chronologique, avec la longue liste des « œuvres de jeunesse », (▶ **chapitre 16**) montre bien que Gustave Flaubert n'a pas été brusquement touché par la grâce littéraire en écrivant la première page de *Madame Bovary*. Un retour sur la décennie 1842-1852 paraît donc nécessaire, afin de retrouver quelques étapes essentielles dans l'évolution du romancier pendant cette période déterminante.
Entre 1843 et 1845, la « **fusion morale** », selon son expression, permet au jeune homme d'échapper aux désespoirs et aux impasses de l'adolescence. Dans les années suivantes, une sorte de ***fusion critique*** se développe, lui permettant de concilier des goûts littéraires très contradictoires. Enfin, et au moment où la rédaction de *Madame Bovary* est déjà engagée, s'opère la **fusion créatrice**, avec la naissance de l'écrivain.

A. LA « FUSION MORALE » (1843-1845)

Le principal intéressé n'a jamais considéré sa maladie nerveuse (première crise en janvier 1844) comme une rupture grave, mais au contraire comme la conséquence ultime et la clôture d'une période sombre : « Ma vie active, passionnée, émue, a fini à 22 ans. À cette époque, j'ai fait de grands progrès tout à coup, et autre chose est venu » (31 août 1846). Ces « **grands progrès** » consistent avant tout dans la constitution d'une double morale, celle de l'indépendance, celle de l'insatisfaction.

a. La morale de l'indépendance

La même lettre, en effet, nous indique quelle prise de conscience a pu ainsi faire reculer le malaise et l'angoisse : « Alors j'ai fait pour mon usage deux parts dans le monde et dans moi : d'un côté l'élément externe, que je désire varié, multicolore, harmonique, immense, et dont je n'accepte rien que le spectacle d'en jouir ; de l'autre, l'élément interne, que je concentre afin de le rendre plus dense ».
Cette séparation radicale entre la vie concrète et la vie imaginaire s'appuie sur quatre principes destinés à assurer à l'individu une liberté totale :

• **Refus des dogmes**, des vérités, des certitudes, quelles qu'elles soient. « Je ne crois qu'à l'éternité d'une chose, c'est-à-dire de l'Illusion, qui est la vraie vérité. Toutes les autres ne sont que relatives » (15 janvier 1847).

• **Refus de la société et de ses règles** : pas de métier, pas de mariage, pas de contraintes familiales. Cette haine est si intense que le romancier, éternel pourfendeur des « Bourgeois », signe une de ses lettres « Gustavus Flaubertus Bourgeoisophobus » !

• **Refus de l'action et de l'ambition matérielle**, dégradantes car elles nuisent directement à la « vie interne ». « J'ai dit à la vie pratique un irrévocable adieu », écrit dès le 13 mars 1845 le jeune homme, qui détestera toujours les « actifs ! comme ils nous fatiguent et se fatiguent pour ne rien faire ! » (5 mars 1853).

• **Refus des passions**, le pire danger pour un homme, à plus forte raison pour un artiste. En avril 1854, Flaubert se dit « plus goudronné qu'une momie » devant les sentiments en général, et devant « l'Hâmour » en particulier. L'essentiel est de ne pas chercher le bonheur, « une dangereuse manie », et d'offrir ainsi « le moins de prise à l'ennemi » (12 septembre 1846).

Ce « système particulier fait pour un cas spécial » est très contraignant. Mais, déjà bien établi en 1845, il va permettre à Flaubert de traverser la terrible année 1846, où il voit successivement mourir son père, puis sa jeune sœur, mais aussi se marier son meilleur ami Alfred Le Poittevin, trahison qui restera toujours très douloureuse dans son souvenir.

b. La morale de l'insatisfaction

Cependant, pour échapper au désespoir, il ne suffit pas d'une volonté forte, car une ascèse constante ne ferait que stimuler les désirs : **il faut donc diriger nos forces**, celles du mysticisme (vie interne), celles de la sensualité (vie externe), afin qu'elles gardent tout leur dynamisme sans jamais se nuire.

• **Préserver le rêve** : puisque « **l'homme n'est jamais satisfait de rien** » (19 décembre 1850 à L. Colet), essayer d'apaiser cette faim perpétuelle serait en effet inutile : chaque échec mène à la déception, chaque réussite à la désillusion ou à de nouvelles envies. Pour Flaubert, il faut réserver le bonheur pour « **l'idée** » (16 septembre 1845) et ne jamais « toucher son désir », de manière à garder à notre imaginaire toute sa force.

• **Éviter la banalité** : pour éviter l'enlisement, qui tuerait cette insatisfaction féconde, Flaubert passe donc d'un extrême à l'autre, puisque « la privation radicale d'une chose en crée l'excès ». Et le romancier, qui se surnomme lui-même « **l'Excessif** », donne à ce principe beaucoup de place dans l'organisation de sa vie, particulièrement dans l'alternance entre ses longues retraites à Croisset et ses séjours à Paris. Ne considérer que « **l'ermite** », ou bien ne voir en lui que le « commis voyageur » qui choque les Goncourt par sa jovialité, c'est de toute évidence le mutiler. L'un ne va pas sans l'autre, et ce mouvement de balancier est destiné avant tout à concilier des tendances contradictoires, mais aussi à préserver l'envie d'écrire.

B. LA FUSION CRITIQUE (1845-1852)

Dès 1845, les principes moraux qui vont guider la vie du romancier sont donc déjà en place. Mais il lui faudra encore bien des années de recherches et de « régime » quotidien avant de pouvoir mettre de l'ordre dans ses jugements littéraires, ce qui le conduira à découvrir plus tard son système d'écriture.
« **L'hygiène est pour beaucoup dans le talent** », affirme Flaubert en 1852. Il parle alors par expérience, car depuis sept ans il s'oblige chaque jour à mener des « lectures sérieuses », afin de corriger ou d'enrichir sa manière d'écrire.

a. Le grec et le latin

De 1844 à 1846, le travail sur les « braves anciens » est impressionnant. « Je fais du grec tous les jours pendant trois ou quatre heures. À la fin de cette année, dans trois mois, j'espère entendre facilement Hérodote... Dans l'après-midi, je fais du Shakespeare et ensuite je lis Quinte-Curce (presque comme du français) » (16 septembre 1845).

b. L'Orient (1846)

Signalons pour mémoire un cycle bref mais intense de lectures « orientales », dans lesquelles Flaubert se jette furieusement après les deuils de 1846. Il en reste d'abord ébloui (le *Baghavad-Gîta*, le *Sakoûntala*, etc.), ressentant même « **l'envie de devenir brahme** », mais son enthousiasme disparaît très vite. Cependant, ces lectures ont élargi les rêves du jeune homme, elles l'ont conforté dans son dégoût du monde réel, et dans ses aspirations vers l'Idée.

c. Les « classiques »

Mais le cycle des lectures les plus durables et les plus déterminantes concerne les « classiques », mot que le romancier emploie dans un sens assez large, à partir de l'automne 1846, au moment où l'entraînement quotidien au grec ou au latin devient moins lourd. En reprenant les auteurs des XVIIe et XVIIIe siècles, Flaubert « s'inocule » particulièrement La Bruyère, Boileau, puis Buffon, avant une étude quotidienne des *Contes* de Voltaire. Il s'agit là d'auteurs « secs », tout à fait indiqués (surtout La Bruyère) pour corriger des tendances naturelles à la boursouflure et au lyrisme.

Dès 1847, l'esthétique littéraire de Flaubert semble donc déjà cohérente, même si cette fusion critique ne s'est pas encore traduite concrètement dans l'écriture. L'ermite de Croisset a tout sacrifié à sa volonté de devenir écrivain, toutes ses admirations littéraires sont déjà presque en place, mais il en est encore aux tâtonnements et aux déceptions. Ainsi il se compare, le 23 septembre 1847, à « un homme qui a l'oreille juste, mais qui joue faux du violon ; ses doigts se refusent à reproduire juste le son dont il a conscience ». Il faudra attendre 1852, et les premiers chapitres de *Madame Bovary*, pour que ces incertitudes disparaissent.

2 LES ŒUVRES DE JEUNESSE

De ses dix-sept « œuvres de jeunesse », écrites d'avril 1836 à 1842 (c'est-à-dire avant la « **fusion morale** »), Flaubert n'a jamais voulu rien sauver. Pas même de *Novembre*, la dernière d'entre elles et la plus importante.
Mais il est possible de retrouver, à travers les tentatives ultérieures, les différentes réussites qui accompagnent les étapes indiquées ci-dessus, et qui préparent la naissance de l'écrivain, après celle du moraliste et du critique.

A. *L'ÉDUCATION SENTIMENTALE* DE 1845

a. les « deux bonshommes »

• **L'énoncé du problème** : lorsque, en janvier 1852, Flaubert revient sur son évolution pendant les années précédentes, il définit d'abord le problème essentiel qu'il avait à résoudre. « Il y a en moi, littérairement parlant, deux bonshommes distincts : un qui est épris de **gueulades**, de lyrisme, de grands vols d'aigle, de toutes les sonorités de la phrase et des sommets de l'idée ; un autre qui fouille et creuse le vrai tant qu'il peut, qui aime à accuser le petit fait aussi puissamment que le grand, qui voudrait vous faire sentir presque **matériellement** les choses qu'il reproduit. *L'Éducation sentimentale* a été, à mon insu, un effort de fusion entre ces deux tendances de mon esprit » (16 janvier 1852) . Il s'agit de la première *Éducation sentimentale*, composée entre février 1843 et janvier 1845, qui raconte les aventures de deux jeunes gens en train de découvrir les réalités du monde et de l'amour. Le premier, Henry, va faire son droit à Paris, succombe aux charmes de Madame Émilie Renaud, qui dirige avec son mari la pension où il habite, part avec elle pour New York. Les deux amants vont revenir finalement en France pour se séparer, Émilie reprenant la vie conjugale, Henry plongeant dans le tourbillon de la capitale. Le deuxième, Jules, après une déception amoureuse, se tourne vers l'étude, la solitude et l'écriture, sous le regard de plus en plus respectueux et amical du narrateur.
• **Les passages intéressants** : l'expression « à mon insu » est révélatrice des hésitations de Flaubert au moment où il com-

mence à élaborer son système critique. Mais cette première *Éducation sentimentale*, même manquée, peut nous intéresser à un double titre : **l'évolution des sentiments** entre Henry et Émilie (chapitre XXIV), **l'itinéraire intérieur de Jules**, en fin d'ouvrage (chapitre XXVII).

b. Le voyage en Amérique (chapitre XXIV)

Car l'écrivain, très sévère pour l'œuvre, signale ce chapitre qui lui « semble bon... celui de leur voyage en Amérique et de leur lassitude suivie pas à pas ». Il faut donc lire avec attention ces pages, car nous retrouverons dans les grands romans, par la suite, cet étirement du temps et cette usure progressive de la passion.

c. L'itinéraire intérieur de Jules

Le personnage de Jules n'était à l'origine qu'un « repoussoir » destiné à faire contraste avec Henry. Mais, très vite, il prend de l'importance, et son itinéraire dans le dernier chapitre est aussi précis qu'intéressant, à travers six étapes nettement indiquées : rejet des goûts spontanés et personnels, « grande étude du style », relecture des grandes œuvres, enquête sur la psychologie, étude approfondie des maîtres, enfin perte des illusions sur le monde et découverte de la vérité.
Il est imprudent, on le sait, d'assimiler la créature à son créateur. Mais Jules part bien, lui aussi, d'une « **volonté obstinée de se corriger... de se guérir** » et les ressemblances avec la fusion critique qui prend forme à cette époque sont donc frappantes. On pourra utilement comparer cet itinéraire à celui des personnages de Flaubert, dans les œuvres de la maturité.

B. *PAR LES CHAMPS ET PAR LES GRÈVES* (SEPT.-DÉC. 1847)

Cette relation d'un voyage en Bretagne avec Maxime Du Camp (qui rédige les chapitres impairs) est bien davantage qu'une œuvre juvénile et spontanée, comme on le dit souvent. Si Flaubert, en pleine rédaction, la qualifie de « ratatouille assez farce », il ajoute aussitôt qu'elle est « composée sans prétention mais avec conscience ». Presque cinq ans plus tard, il revient sur les deux mérites essentiels de son texte :

a. Les alignements de Carnac (chapitre V)

« Une des choses dont je fais le plus de cas, c'est mon résumé d'archéologie celtique et qui (en est) véritablement une exposition complète en même temps que la critique ». Dans ce passage, effectivement, **la volonté d'exhaustivité** renforce déjà **l'énonciation ironique**, annonçant ainsi les grands romans de Flaubert et le « grotesque triste ». Ce chapitre V sera d'ailleurs publié dans *L'Artiste* en juin 1858, ce qui montre bien que l'auteur en était véritablement satisfait.

b. La cohérence interne

« La difficulté de ce livre consistait dans les transitions, et à faire un tout d'une foule de choses disparates. Il m'a donné beaucoup de mal — c'est la première chose que j'aie écrite difficilement » (3 avril 1852 à L. Colet). Grand signe que cette apparition des « **affres du style** » et ce **souci des « transitions »**, qui vont devenir de véritables refrains dans la *Correspondance* !

Pour la première fois, le violoniste a joué juste. Mais, au lieu d'en tirer toutes les conséquences, il va se lancer dans une direction complètement différente.

C. *SAINT ANTOINE* (MAI 1848-SEPTEMBRE 1849)

Flaubert travaille en effet plus d'un an à son nouveau projet, dans lequel il met de grands espoirs. Lorsqu'il lit son manuscrit, juste avant son départ pour l'Orient, à ses deux meilleurs amis, Louis Bouilhet et Maxime Du Camp, il a donc d'abord beaucoup de mal à accepter leurs vives critiques. Pourtant, en janvier 1852, il condamne à son tour en bloc cette œuvre : *Saint Antoine*, après le premier essai de *L'Éducation sentimentale*, aura été en effet « une seconde tentative et pire encore que la première ».

a. Les perles et le collier

Car, cette fois, l'écrivain a escamoté la difficulté, laissant s'exprimer l'un des deux « bonshommes » au détriment de l'autre. « Prenant un sujet où j'étais entièrement libre comme lyrisme, mouvements, désordonnements, je me trouvais alors bien dans ma nature et je n'avais qu'à aller... Comme je taillais avec cœur les perles de mon collier ! Je n'y avais oublié qu'une chose, c'est le fil ».

b. La « manière »

Il faudra tout le voyage en Orient, puis l'écriture des premiers chapitres de *Madame Bovary*, avant que Flaubert puisse tirer la vraie leçon de ses échecs successifs, et puisse enfin s'écrier : « **Je sais comment il faut faire** » (12 janvier 1852). L'année suivante, il s'explique : « Le commencement sera à récrire, ou du moins à corriger fortement, c'est lâche et plein de répétitions, je cherchais la **manière** qui, plus loin, est trouvée » (mai 1853).

La « **fusion morale** » est donc réussie dès 1845, la **fusion critique** bien en place à la fin de 1847, la **fusion créatrice** effective en 1852. Il a fallu presque dix ans à Flaubert pour se donner les moyens, par étapes, d'atteindre son ambition unique, devenir un écrivain digne de ce nom.

Si l'on respecte ces dates pour utiliser les différents jugements contenus dans la *Correspondance*, les contradictions disparaissent (par exemple des enthousiasmes de jeunesse pour Musset, Rousseau ou Balzac). Mais surtout, on peut mieux comprendre comment, en dix ans, un étudiant de « l'École de droit la plus enkikinante de la Création », tourmenté et malheureux, s'est transformé en « homme-plume », sûr de lui et déjà profondément original.

3 L'UNIVERS ESTHÉTIQUE DE FLAUBERT

Il serait imprudent de figer la pensée de Flaubert à une date quelconque, puisqu'il a évolué, comme tout le monde, sur des points importants. Cependant, les principes élaborés autour de 1850-1852 ne changeront jamais, et l'univers esthétique du romancier va rester remarquablement stable.

1. UN IDÉAL À ATTEINDRE

Car en étudiant les auteurs, les bons et les mauvais, Flaubert en arrive assez vite à une distinction qui restera centrale dans son système d'écriture.

A. UNE DISTINCTION PRÉALABLE

a. La force

Dès 1844, la *Correspondance* oppose les « phrases mâles » aux « phrases femelles », et désormais la « raideur » des bons écrivains (les métaphores sont souvent plus gaillardes) fera contraste avec les auteurs faibles, par exemple Lamartine, cet « esprit eunuque ». « Le plus grand caractère du génie est, avant tout, la force », déclare Flaubert en juillet 1853, et son opinion ne variera plus.

Mais cette qualité essentielle peut avoir deux origines bien différentes.

b. Les grands et les petits

Certains maîtres n'ont pas, en effet, à se soucier du style, car leur Force est naturelle. « Quoi de plus mal bâti que bien des choses de Rabelais, Cervantès, Molière et d'Hugo ? Mais quels coups de poing subits ! Quelle puissance en un seul mot ! » (27 mars 1853).

Cependant, en dehors de ces rares privilégiés (une dizaine d'exceptions), tous les écrivains doivent beaucoup travailler pour acquérir cette qualité indispensable, car « nous, les petits, nous ne valons que par l'exécution achevée » (25 septembre 1852).

B. LA PHRASE DE BUFFON

Les très nombreuses déclarations de Flaubert sur le métier d'écrire utilisent volontiers la même citation, qui pourrait nous servir de référence centrale, par exemple dans une lettre de mars 1876 à G. Sand : « Je crois que... **bien écrire** est tout, parce que "bien écrire", c'est à la fois bien sentir, bien penser et bien dire (Buffon). Le dernier terme est donc dépendant des deux autres, puisqu'il faut sentir fortement avant de penser, et penser pour exprimer. » **Dans ces trois étapes, il faut donc considérer les deux premières comme des moyens, la dernière comme le but véritable.**

2. LES DEUX CONDITIONS NÉCESSAIRES

A. LE VRAI

Le mot Vérité est très important pour Flaubert, d'abord parce qu'il tient lieu de morale (« Si je suis dans le vrai, je suis dans le bien. J'accomplis un devoir, j'exécute la justice », 13 avril 1853) ; mais il demande à être précisé.

a. Une vérité relative

En effet, nous savons que Flaubert dès 1845 pense que la Vérité n'existe pas, et que l'homme doit « renoncer à avoir une idée nette de quoi que ce soit ». Les écrivains convaincus du contraire sont des « farceurs » ou de dangereux charlatans.
Il n'y a donc aucune porte de sortie, aucune transcendance dans les romans de Flaubert (dès juillet 1845, **« ce qui n'a pas de sens a un sens supérieur à ce qui en a »), et c'est d'abord contre les fausses vérités que va se développer la démonstration romanesque.**

b. Une vérité non réaliste

D'autre part, cette vérité n'a que peu de rapports avec la fidélité à la vie réelle, car « **l'histoire vraie ne signifie rien** » (18 juillet 1859). **Il semble donc pour le moins abusif de faire de Flaubert un réaliste**, lui qui n'a jamais cru à la réalité des choses, lui qui a affirmé avoir écrit *Madame Bovary* en haine du réalisme, et par dégoût de la « hideuse réalité » !

c. Une vérité reconstruite

Cette vérité, pour chaque roman, est avant tout **psychologique**, obtenue par « concentration » (« La violence de la couleur ne s'obtient que par l'exactitude de la couleur même, pénétrée de

notre sentiment subjectif », 4 mai 1851), puis rendue cohérente et significative au moment de la conception de l'œuvre.
Elle est aussi *imaginaire*, et destinée à donner au lecteur l'Illusion du monde réel (« La première qualité de l'Art et son but est l'**illusion**. L'émotion... est une tout autre chose et d'un ordre inférieur », 16 septembre 1853). Il faut donc « **faire rêver** » le lecteur, l'amener à une « exaltation vague, c'est là toute la moralité de l'art » (*Préface* aux *Dernières Chansons* de Louis Bouilhet).

B. L'IMPERSONNALITÉ

Autre condition de la « raideur », et souvent autre malentendu, la célèbre **Impersonnalité**, qui est également « le signe de la Force », et qui a été parfois confondue avec l'objectivité.

a. Largeur et étroitesse

Ce que Flaubert condamne (en opposant par exemple la « largeur » de Shakespeare à « l'étroitesse » de Musset ou parfois de Hugo), c'est la mode romantique des épanchements et des confidences, ou bien le vertige des déclarations politiques et des manifestes qui caractérise le milieu du XIXe siècle : bref, les **interventions personnelles** de l'auteur, dénoncées car elles affaiblissent, justement, le pouvoir d'identification du lecteur, et la force de l'argumentation romanesque.

b. Une machine de guerre

Il s'agit donc seulement de **préserver l'illusion**, comme un montreur de marionnettes caché derrière son rideau pendant la représentation. Si « l'auteur, dans son œuvre, doit être comme Dieu dans l'univers, présent partout et visible nulle part » (9 décembre 1852), **cela ne l'empêche jamais de donner son avis, bien au contraire**. D'ailleurs, les œuvres que Flaubert préfère (Cervantès, Shakespeare, Rabelais, Homère, Gœthe, Molière, les *Contes* de Voltaire) sont bien, avant tout, de violentes satires qui mettent en évidence les faiblesses et les inconséquences de la créature humaine.
L'état habituel de Flaubert est bien celui d'un « Hindigné » — comme il l'affirme lui-même dès 1846, qui garde la volonté de « taper sur la crête du bourgeois ». Il faut donc voir d'abord dans chacune de ses œuvres **une véritable machine de guerre**, d'autant plus redoutable que les férocités ou les sottises des

« cloportes » humains sont présentées comme de simples conséquences de l'action. « Je me borne donc à exposer les choses telles qu'elles me paraissent, à exprimer ce qui me semble le vrai. Tant pis pour les conséquences » (10 août 1868).
L'impersonnalité n'a donc rien à voir avec l'impartialité, sauf avec celle d'un juge qui n'acquitterait personne, ou celle d'un bourreau qui exécuterait tout le monde.

C. « L'ASPIRATION » DES PERSONNAGES

a. Du romancier aux personnages

Ce devoir d'Impersonnalité contraint le romancier à modifier le processus habituel de création. « Il faut, par un effort d'esprit, se transporter dans les Personnages et non les attirer à soi », écrit Flaubert à George Sand en décembre 1866.
D'ailleurs, l'inversion dans la phrase de Buffon des deux premiers termes (le *Discours sur le style* affirme en réalité que « bien écrire, c'est tout à la fois bien penser, bien sentir et bien rendre ») n'est pas innocente. Pour Flaubert, les trois opérations se succèdent, la première consistant à « sentir fortement », et à « faire poser » les personnages. Par cette « aspiration », **le créateur va donc vivre les aventures de ses héros**, ressentir toutes leurs émotions et tous leurs sentiments, ce qui doit empêcher l'écrivain de leur imposer sa personnalité, et de les enfermer dans les limites de sa propre existence.

b. Des déclarations cohérentes

Ce mouvement initial est essentiel pour comprendre les différentes déclarations de Flaubert à propos de *Madame Bovary*. Lorsqu'il affirme par exemple que son roman « n'a rien de vrai. C'est une histoire totalement inventée; je n'y ai rien mis ni de mes sentiments ni de mon existence » (18 mars 1857), il signifie que son travail d'écriture (avec les exigences de « **l'impersonnalité** » et de « **l'aspiration** ») l'a conduit à sortir complètement de lui-même pour vivre l'existence imaginaire de ses personnages. Lorsqu'au contraire il affirme avec la même force que « **Madame Bovary, c'est moi, d'après moi** », il signifie que le drame d'Emma exprime intimement son drame personnel jusqu'à la « fusion morale » de 1845, et que la moralité du roman, avec son brutal dénouement, traduit pleinement ses idées sur les difficiles rapports de l'imaginaire et du réel.

4 LA RELIGION DE L'ÉCRITURE

Flaubert a souvent regretté que la plupart des critiques littéraires ne s'intéressent pas suffisamment à « **l'anatomie du style** », pour savoir « comment une phrase se membre et par où elle s'attache » (septembre 1853). Afin de mieux entrer dans cette étude, il faut évoquer le rituel d'écriture respecté par le romancier, rituel directement révélateur de son idéal et de son esthétique.

1. « L'ANATOMIE DU STYLE »

A. LE SENS DE L'ÉCRITURE

a. Oublier la vie

Flaubert a toujours affirmé qu'il écrivait d'abord par « haine de la vie ». « Plus on vit, plus on souffre... Béni soit celui qui a trouvé le chloroforme » (23 octobre 1851). Chaque roman est donc d'abord un « long voyage » qui permet à l'auteur, en mettant son existence entre parenthèses pour entrer dans la fiction, d'oublier « le petit train-train imbécile qu'on appelle la vie ».

b. Un idéal relatif

Le romancier se définit donc lui-même comme un « mystique qui ne croit à rien » (8 mai 1852), pas même à cet Idéal auquel il a consacré toute son existence. « Tout n'est peut-être qu'une immense blague, j'en ai peur », la seule chose à faire étant de « rester au coin de son feu à faire de l'art pour soi tout seul » (3 novembre 1851).

B. LE BEAU

Cependant, « il n'y a **qu'un Beau** », qui possède « la splendeur du Vrai » (18 mars 1857), et la poursuite de cette magnifique Chimère amène beaucoup de souffrances, mais surtout des moments d'ineffable joie. Flaubert a toujours été soutenu par une certitude, celle d'une **correspondance directe entre la pensée et le style**. « Plus une idée est belle, plus la phrase est sonore. La précision de la pensée fait (et est elle même) celle du mot » (12 décembre 1857).

L'écrivain, de manière très consciente, « parle en platonicien » plusieurs fois (par exemple le 3 avril 1876 à G. Sand), car il voit bien que son idéalisme et sa conception du Verbe en font un héritier direct du Logos antique (ce qui fait un mélange assez curieux avec son scepticisme radical dans les autres domaines).

2. LA CONCEPTION

Flaubert a trouvé chez Gœthe un aphorisme qu'il aime à répéter : « **Tout dépend de la conception.** » Par ce mot, il faut entendre tout le stade préparatoire, avant que le premier mot du roman ne soit écrit.

a. Les projets successifs

Cette réflexion préalable peut durer très longtemps (plus d'un an de lectures préliminaires et de projets pour *L'Éducation sentimentale* de 1869), et fournit déjà des traces écrites variées et volumineuses.

● **Les scénarios** : ce terme chez Flaubert désigne à la fois les plans (tout ou partie) et les esquisses (plan fragmenté ou développé). Le plan de départ couvre le roman entier, et il est assez réduit (deux pages pour *Madame Bovary*, une pour *Saint-Julien*).

Mais ensuite, ce plan est modifié, repris en totalité ou par fragments (plan de partie, le plus souvent) : à travers des notations très diverses, l'écrivain trace d'abord l'**évolution psychologique** de ses personnages.

● **Rythme binaire et ternaire** : ces projets, malgré leur diversité, montrent également comment l'auteur, le plus souvent, structure sa fiction : soit par **oppositions** (entre des personnages, entre des scènes), soit par l'**enchaînement de trois étapes** : le ternaire indique une évolution ou un engrenage (trois parties dans *Madame Bovary*, trois temps dans les sentiments des Carthaginois vis-à-vis des Barbares, etc.), le binaire un contraste significatif (lutte amoureuse de Moloch et de Tanit dans *Salammbô*, différences entre Bouvard et Pécuchet, etc.), avec des combinaisons souvent subtiles entre les deux rythmes.

b. Les notes de lecture

Il faut mettre à part les **notes de lecture**, souvent impressionnantes par leur importance (véritables dossiers parfois, avec 1 500 ouvrages consultés pour *Bouvard et Pécuchet*), réserves dans lesquelles on va puiser le moment venu. Même si cette documentation est nécessaire (elle est le garant de la « justesse » et de la Vérité), même si elle est parfois antérieure à l'écriture (l'impossibilité de voir les paysages de *Salammbô* va obliger Flaubert à se rendre à Carthage), elle est menée, dans l'immense majorité des cas, **au moment même de la rédaction**, et donc bien après les scénarios.

3. L'ÉCRITURE

A. LA PHRASE

a. Une prose idéale

• **L'unité de base** : « Une bonne phrase de prose doit être comme un bon vers, **inchangeable**, aussi rythmée, aussi sonore. Voilà du moins mon ambition » (12 juillet 1852). Chaque « perle » du « collier » est donc composée séparément, à partir d'exigences multiples : non seulement, en effet, elle doit respecter le « bien sentir » et le « bien penser », mais surtout elle doit posséder **une plénitude formelle égale à celle de la poésie**, pour atteindre au « bien dire ». Dans ce but, on doit impitoyablement faire la chasse aux répétitions, aux assonances, aux impropriétés et faiblesses en tout genre.

• **Une prose poétique** : notre poésie, héritée de La Pléiade, est **orale**, et il n'est donc pas étonnant de voir Flaubert faire passer toutes ses phrases par le célèbre « gueuloir », c'est-à-dire la déclamation « dans le silence du cabinet », à tel point que les gens qui passent devant sa maison le croient avocat ! Le 25 mars 1854, il écrit : « La tête me tourne, et la gorge me brûle, d'avoir cherché, bûché, creusé, retourné, farfouillé et hurlé de cent mille façons différentes, une phrase qui vient **enfin** de se finir. » Tous les titres flaubertiens (et même tous les projets de titres, plus d'une vingtaine en tout) porteront la marque de cet idéal « poétique », puisqu'ils vont tous s'inscrire, des plus courts (*Herodias, Salammbô*) au plus long (*La Légende de saint Julien l'Hospitalier*), dans le rythme de l'alexandrin, et dans cette conception orale de la rhétorique.

b. Le feuillet

Forgés un à un, les maillons sont ensuite assemblés en paragraphes, et donc liés entre eux. Mais, après la phrase, la deuxième unité de base chez Flaubert reste incontestablement **le feuillet**, qui porte les nombreux états successifs des brouillons, surchargés de notes en marge, de ratures, de variantes et d'ajouts.

Texte toujours haché par l'unité interne de chaque page, texte tellement regratté, reconstruit, dans la longue quête de la Beauté idéale, que la trame du premier jet finit souvent par disparaître sous une pâte épaisse. L'opacité du monde et la faiblesse des personnages devant un univers fragmenté, mouvant, et qui a perdu sa signification, doivent beaucoup sans doute à cette technique d'écriture par « tranches » successives.

c. Les vérifications

Le texte est ensuite mis au propre, mais le travail n'est pour autant pas terminé. Il est ensuite relu devant Louis Bouilhet, l'« accoucheur », « l'indicateur ferroviaire » et l'ami privilégié qui disparaîtra en 1869 (par la suite, cette lecture sera menée devant d'autres amis, par exemple Tourgueniev), et remis sur le métier.

Le dernier travail consiste à « desserrer les écrous », c'est-à-dire à favoriser tout ce qui peut rendre le mouvement général plus vif. Dans cet esprit, des passages entiers disparaissent, comme la longue description du jouet des enfants Homais dans *Madame Bovary* : **car la littérature est « l'art des sacrifices »**, où les détails passent toujours après l'ensemble, ce qui suffirait à symboliser une volonté constante de rester un « classique ». On ne doit pas s'étonner, par conséquent, du temps (cinq ans en moyenne) mis par Flaubert, malgré un travail quotidien et soutenu, pour écrire un roman. Puisque la vie fictive masque la vie réelle, rien ne presse, d'autant plus que l'on écrit pour soi, sans souci de la mode ou du profit.

Tous les procédés d'écriture qui donnent cohérence et originalité aux romans de Flaubert doivent être directement mis en relation avec cet Idéal littéraire constamment défendu et exprimé dans la *Correspondance*, et avec ces principes qui permettent au style de devenir « une manière absolue de voir les choses » (16 janvier 1852).

5 *MADAME BOVARY* : LES STRUCTURES DE L'ŒUVRE

« Il est pourtant temps de réussir ou de se jeter par la fenêtre », écrit Flaubert le 16 janvier 1852. Mais ce troisième « essai » sera enfin le bon, et *Madame Bovary* une réussite éclatante. Commencé le 19 septembre 1851, publié dans *La Revue de Paris* en octobre 1856, le roman connaît en effet le scandale d'un procès et la gloire d'un acquittement : en quelques semaines, son auteur est projeté en pleine lumière, et devient un écrivain connu.

1. LA GESTATION DE L'ŒUVRE

A. LA NAISSANCE DU PROJET

a. Le voyage en Orient

Flaubert a mis plusieurs mois, comme il l'avoue lui-même, à se remettre des critiques de Bouilhet et Du Camp contre *Saint Antoine*. Pendant le long voyage en Orient, il rumine trois projets d'écriture différents : *Anubis, Une nuit de Don Juan*, et le « roman flamand », tout en déplorant (novembre 1850) « la parenté d'idées » entre les plans, qui évoquent tous les trois « deux formes de l'amour terrestre et de l'amour mystique ». Pourtant, deux mois à peine après son retour, il s'engage dans *Madame Bovary*.

b. La cellule initiale

Paradoxalement, le « roman flamand » en constitue bien l'origine, avec son héroïne « qui meurt vierge et mystique entre son père et sa mère, dans une petite ville de province, au fond d'un jardin planté de choux et de quenouilles » (14 novembre 1850). Flaubert a donc utilisé les ressemblances entre ses trois projets, comme il l'explique en mars 1857 : « J'ai gardé de ce premier plan tout l'entourage (paysages et personnages assez noirs), la couleur enfin. Seulement, pour rendre l'histoire plus compréhensible et plus amusante, au bon sens du mot, j'ai inventé une héroïne plus humaine, une femme comme on en voit davantage. » Il faut donc garder en mémoire cette origine du projet, **et son basculement de la passion rêvée à la passion vécue**.

c. Les autres sources

Certes, deux allusions précises (l'une de Flaubert, l'autre de Du Camp) prouvent que l'intrigue de *Madame Bovary* utilise en partie un fait divers contemporain, le drame des Delamare (la mort d'une épouse infidèle et endettée, le suicide du veuf, médecin dans un village de Normandie).
Mais on connaît d'autres sources plus importantes, comme les *Mémoires de Madame Ludovica*, un manuscrit anonyme en possession de Flaubert, et contant les aventures de Louise Pradier, l'épouse du sculpteur. On sait également que le roman doit beaucoup à l'expérience personnelle de l'auteur, et que les règles de la « conception » font de cette œuvre « une pure invention » (4 juin 1857).
Si Flaubert s'est engagé aussi vite dans son nouveau projet, c'est donc parce qu'il lui offre **un sujet privilégié** sur les rapports de l'amour rêvé et de l'amour vécu, mais surtout parce qu'il permet de ne faire **aucune recherche documentaire** préalable, tout en garantissant la « justesse » de la fiction : tous les détails sont à la disposition de l'auteur, dans sa mémoire, dans sa région, dans sa bibliothèque.

B. PROJETS ET SCÉNARIOS

a. L'évolution des scénarios

À l'origine, l'intrigue du roman était différente, comme l'indique le scénario III : « Le vague Monsieur du bal la mène à Amédée (Léon), le rêve flottant se fixe. Préparée de sentiment, adultère dans l'âme. Amédée la mène à Rodolphe. Dans l'amour de Rodolphe, intersection rapide des deux cercles qui ne peut durer. Revient à Amédée qu'elle a le premier aimé et dont elle jouit maintenant. Impossibilité du bonheur. Retour au premier vrai, Rodolphe (le cœur). Dernier coup avec Léopold. Dernière saoûlée d'amour : c'est pour elle seule ».
L'itinéraire d'Emma est donc finalement réduit à **quatre étapes** (rêve du Vicomte-amour platonique pour Léon-liaison avec Rodolphe-liaison avec Léon), avec un balancement plus terrible entre un mysticisme et une sensualité qu'Emma parvient de moins en moins à maîtriser, et **une insatisfaction de plus en plus vive** (en marge du scénario XXVII, « Très frais » en face de Léon I, « Normal » en face de Rodolphe, enfin « Acre » en face de Léon II.

b. Un itinéraire psychologique

Les scénarios confirment d'autre part que le détail des événements ne se met en place que très tard, souvent au moment de l'écriture : car ils ne contiennent pour l'essentiel que **la succession des causes et des effets** dans « l'exposition d'un caractère de femme naturellement corrompu » (12 décembre 1856).
Le canevas reste, par conséquent, centré sur « l'enchaînement des sentiments » et des états d'âme de l'héroïne principale, car « tout dépend de là dans ce roman ».
Flaubert est d'ailleurs certain, en juillet 1852, que son livre représentera « la somme de (sa) science psychologique, et n'aura de valeur originale que par ce côté ». Il ne s'agit donc pas d'un roman traditionnel, mais d'une « analyse narrative ». À titre de document, rappelons sans commentaires le « résumé » de *Madame Bovary* donné par *Le Figaro* du 12 octobre 1857 à ses lecteurs : « Un officier de santé, nigaud à l'extrême, vrai mannequin de baudruche mal gonflé, tue une première femme par son inertie, et fait tout ce qu'il faut pour être framboisé par la seconde. »

C. RÉSUMÉ DU ROMAN

- **Première partie**

Étudiant appliqué mais peu doué, Charles Bovary devient officier de santé dans un petit village normand et se laisse marier à une femme âgée et revêche (chapitre I). Devenu veuf (chapitre II), il s'éprend d'Emma Rouault, fille de cultivateur aisé, et l'épouse (chapitre IV). Mais la jeune femme s'est fait, d'après les romans à la mode, une idée chimérique de l'amour, et se trouve donc déçue de son mariage (chapitres VI-VII), d'autant plus qu'une invitation au château de la Vaubyessard a encore exacerbé ses rêves de passion et de luxe (chapitre VIII). Elle éprouve bientôt un tel ennui que Charles décide de s'installer ailleurs, à Yonville l'Abbaye (chapitre IX).

- **Deuxième partie**

Mais les déceptions d'Emma continuent dans cette nouvelle existence : naissance d'une fille alors qu'elle désirait un garçon (chapitre III), médiocrité des villageois, comme le pharmacien Homais, le percepteur Binet ou le curé Bournisien (chapitre VI). Elle éprouve un amour inavoué pour Léon Dupuis, le clerc de notaire (chapitres IV-V), et reste désemparée après le départ soudain du jeune homme pour Paris (chapitre VII). Elle se laisse alors séduire par Rodolphe Boulanger, hobereau beau parleur qui lui fait la cour pendant les Comices agricoles (chapitre VIII), et qui devient peu après son amant (chapitre IX). L'échec total de Charles dans l'opération du pied-bot (chapitre XI) l'éloigne encore plus de sa femme, qui se met à dépenser sans compter, grâce à l'usurier Lheureux, et rêve de fuir avec Rodolphe (chapitre XII). Mais ce dernier abandonne Emma, d'où une fièvre cérébrale dangereuse (chapitre XIII). À l'opéra de Rouen, pendant sa convalescence, elle retrouve par hasard Léon (chapitre XV).

- **Troisième partie**

Devenue la maîtresse de Léon (chapitre I), Emma s'abandonne de plus en plus à cette liaison, et multiplie les dépenses (chapitres IV et V). Mais les désillusions de la jeune femme sont de plus en plus fortes, et elle ne peut plus faire face à ses dettes. À l'annonce de la saisie de ses meubles, elle tente vainement de trouver de l'argent auprès de Léon et de Rodolphe (chapitres VII et VIII), puis s'empoisonne à l'arsenic (chapitre VIII). Les derniers chapitres racontent la veillée funèbre (chapitre IX), l'enterrement (chapitre X), le désespoir de Charles qui, ruiné et toujours amoureux d'Emma, meurt bientôt, alors que la famille de Homais est en pleine prospérité (chapitre XI).

2. LA POÉTIQUE DE L'ŒUVRE

Selon Flaubert, chaque œuvre possède sa propre Poétique, qui se constitue peu à peu lors de la conception. En écrivant *Madame Bovary*, il s'explique sur les difficultés et les particularités de son roman.

A. LES DIFFICULTÉS MAJEURES

a. Le déséquilibre général

Les craintes les plus vives et les plus nombreuses concernent « le défaut de proportion matérielle » entre « les préparations d'action, des expositions plus ou moins déguisées de caractères, de paysages, de lieux », très développés, et « le corps même de l'action », trop réduit (dans *Madame Bovary*, de l'opération du pied-bot au suicide d'Emma). Mais, comme ces expositions sont « **graduées** », et que ce déséquilibre traduit la vérité de la vie, dans laquelle le dramatique tient peu de place, cette disproportion va être maintenue, et va même devenir dans les romans suivants une originalité essentielle.

b. Le style

D'autre part, la médiocrité du milieu dans lequel se déroule la fiction oblige le style à être « **boutonné et à suivre une ligne géométrique** », en gardant « **une forme profondément littéraire** » (13 septembre 1852). Deux mois plus tard, l'auteur précise : « Toute la valeur de mon livre, s'il en a une, sera d'avoir su marcher droit sur un cheveu, suspendu entre le double abîme du lyrisme et du vulgaire ».

B. UNE « ANALYSE NARRATIVE »

Madame Bovary est donc **une œuvre peu narrative**, ce qui modifie profondément quelques procédés romanesques traditionnels, par exemple dans l'emploi des temps et dans la conception du dialogue.

a. L'emploi des temps

Il ne s'agit plus, en effet, de **raconter les temps forts** dans lesquels un héros affronte victorieusement le monde en découvrant peu à peu les pièges et les plaisirs de la société, mais **des temps morts** dans lesquels une héroïne le plus souvent s'ennuie, et en arrive peu à peu à un terrible désenchantement. Le passé simple n'est donc plus le temps dominant, et se trouve enveloppé dans **des séries de verbes à l'imparfait** qui figent ou brouillent la chronologie, d'autant plus que beaucoup d'entre eux combinent les valeurs de la répétition et de la durée, dans ce que Proust appelait l'« éternel imparfait ». Le lecteur perd donc ses repères habituels, dans une temporalité qui paraît plus longue et plus monotone, qui donne **l'illusion de l'usure et du vieillissement** : entre le mariage et le suicide d'Emma, il ne s'écoule que huit ans, et Charles meurt en réalité à moins de 33 ans.

b. Le dialogue

Les exigences les plus fortes concernent le dialogue, car « il faut y mettre des plans successifs, des gradations et des demi-teintes,

comme dans une description ». Ce « **dialogue rythmé** », à la fois littéraire et vrai, va devenir un instrument privilégié dans la peinture des personnages, par exemple dans la célèbre scène des Comices, où l'on arrive « au dramatique rien que par l'entrelacement du dialogue et les oppositions de caractères » (12 octobre 1853).
L'écrivain pourra ainsi prédire, en octobre 1853, qu'il aura appris, en écrivant *Madame Bovary*, « à faire du dialogue et du portrait ». Et cette importance des dialogues dans le dévoilement des personnages est importante, car la leçon sera retenue pour les romans suivants : car il faut, affirme l'écrivain, « écrire des dialogues dans le style de la comédie et les narrations avec le style de l'épopée ».

C. LE SYSTÈME D'ÉNONCIATION

De la même manière, c'est à ce moment que le romancier élabore un système d'énonciation original et cohérent, qu'il n'abandonnera plus : **quelques jugements directs, des jugements indirects constants.**

a. Le style indirect libre

Flaubert n'a pas inventé le style indirect libre dans le roman français du XIXe siècle, mais il lui a donné une place bien plus importante que chez Stendhal, et une fonction très particulière : **brouiller l'énonciation**, sans que l'on puisse nettement savoir qui parle, le narrateur ou le personnage. Ainsi l'auteur peut-il être à volonté « présent partout et visible nulle part ».

b. Les marques d'énonciation

- **Interventions directes** : le romancier ne s'interdit pas tout à fait d'intervenir à visage découvert, soit comme **témoin supposé** (« Nous étions à l'étude lorsque le proviseur entra… », I, chapitre I) ou comme **juge**, par exemple en parlant d'Homais (« Il se vendit enfin, il se prostitua », III, chapitre XI). Ce discours venu directement du narrateur tient une place réduite, mais il est particulièrement précieux dans la construction du sens.
- **Marques indirectes d'énonciation** : elles sont d'une richesse spectaculaire, jusque dans des phrases d'apparence anodine, comme « Les halles, c'est-à-dire un toit de tuiles supporté par une vingtaine de poteaux, occupent à elles seules la moitié environ de la grande place d'Yonville » (II, chapitre I). **Elles orien-**

tent constamment le regard du lecteur, en l'invitant à ne jamais être dupe des apparences, et révèlent les pauvretés ou les faiblesses d'un univers dérisoire. Selon l'auteur, en effet, « l'ironie n'enlève rien au pathétique, elle l'outre au contraire ».
Car Flaubert veut avant tout faire une œuvre féroce, comme il le déclare d'une façon saisissante alors qu'il est déjà engagé dans la troisième partie de *Madame Bovary* « Je sens contre la bêtise de mon époque des flots de haine qui m'étouffent. Il me monte de la merde à la bouche, comme dans les hernies étranglées. Mais je veux la garder, la figer, la durcir. J'en veux faire une pâte dont je barbouillerais le XIXe siècle, comme on dore de bougée* de vache les pagodes indiennes ». Il semble difficile de parler plus clairement.

* Bouse.

Il ne faut donc pas s'étonner si l'univers romanesque, dans cette œuvre, est « **fétide** » : les fausses vérités n'y conduisent les personnages, en effet, qu'à un jeu de massacre, dans lequel **aucun idéal ne semble possible.**

A. LES DINDES ET LES VAUTOURS

Il y a dans la créature humaine, affirme Flaubert, « à la fois de la dinde et du vautour ». Ces deux volatiles sont bien représentés dans *Madame Bovary*.

a. Les « canailles »

À Yonville l'Abbaye, les vautours les plus dangereux appartiennent à deux catégories.

- **Les séducteurs**, qui sont toujours, d'après la *Correspondance*, « gens médiocres ». Rodolphe et Léon sont des lâches et des hypocrites, qui jouent mal les Romantiques de sous-préfecture. Le premier n'est qu'un rustre enrichi, le deuxième un faible, qualifié par son créateur de « caractère couillon », et qui fera un excellent bourgeois après avoir épousé « Mademoiselle Léocadie Lebœuf, de Bondeville » !
- **Les ambitieux, ceux qui veulent le pouvoir, ceux qui veulent la richesse**. Homais est un fourbe d'une « infernale intelligence », et son ascension sociale se nourrit directement de la déchéance des Bovary. Lheureux, lui, est un « enjôleur » impitoyable, qui ruine savamment ses victimes et enferme leurs dépouilles dans son gigantesque coffre-fort.

Séducteurs et ambitieux sont d'ailleurs des « actifs » dévorés par des rêves matériels, donc déshonorants (on sait qu'aux yeux de Flaubert les héros de Balzac sont des « épiciers fourvoyés »), et ils ne sont donc pas épargnés.

b. Les autres

Dans le roman, on trouve aussi des braves gens, mais aucun d'eux n'offre de consistance ou de consolation véritable.

- **Madame Lefrançois**, l'aubergiste, est assez perspicace (elle a deviné Lheureux, elle se moque de Homais), mais elle reste une silhouette de second plan ; quant à l'abbé Bournisien, son épaisse sottise l'empêche d'aider Madame Bovary, et même de la comprendre.

• **Binet**, sorte d'automate grincheux, apparaît comme plus ambigu, malgré ses limites voyantes. Car, occupé à ses « ivoireries indescriptibles », il se montre moins vulnérable que les autres, et peut-être moins ridicule qu'il ne paraît tout d'abord, puisqu'il resurgit de temps à autre dans la *Correspondance*, jusqu'à cette lettre de septembre 1871 où Flaubert déclare à George Sand : « Je fais de la littérature pour moi, comme un bourgeois tourne des ronds de serviette dans son grenier. »

• **Charles** est sans doute, paradoxalement, un personnage intéressant et significatif. Peu intelligent, il possède pourtant des qualités évidentes : étudiant rêveur, il est sensible, honnête, altruiste, et c'est lui qui aime le plus Emma (« C'est ce qu'il faut bien faire voir », précise le scénario VII).

Après la mort de sa femme, il accède même à la grande passion, « un désir permanent, furieux, qui enflammait son désespoir et qui n'avait pas de limites, parce qu'il était maintenant irréalisable » (III, chapitre XI). Il est le seul dans l'œuvre de Flaubert (avec Félicité, autre « cœur simple »), à connaître l'apothéose amoureuse d'une mort magnifique, par un splendide jour d'été. Et le drame essentiel du roman reste sans doute ce rendez-vous manqué entre Charles et Emma, qui a longtemps méprisé son « pauvre homme » de mari, qui a cherché bien loin, auprès de médiocres, le fantôme d'un amour qu'elle n'a jamais su voir près d'elle, et qui n'a pris conscience que sur son lit de mort de la différence entre cet homme « bon » et tous les autres.

La grisaille quotidienne d'Yonville-l'Abbaye vise aussi, de façon plus large, « ce ridicule intrinsèque à la vie humaine et qui ressort de l'action la plus simple, ou du geste le plus ordinaire » (21-22 août 1846).

B. L'HÉROÏNE PRINCIPALE

Depuis la première partie (chapitre VI) jusqu'à sa mort, nous voyons le monde avec les yeux d'Emma. Elle domine complètement le chœur des personnages, et sa « **biographie développée** » constitue l'axe central du roman.

a. L'itinéraire d'Emma

• **Caractère et tempérament** : Emma est enfermée, dès le début, dans des limites psychologiques très étroites qui en font **un personnage superficiel et égoïste**. « Il fallait qu'elle pût retirer des choses une sorte de profit personnel ; et elle rejetait comme inutile tout ce qui ne contribuait pas à la consommation immédiate de son cœur, – étant de tempérament plus sentimentale qu'artiste, cherchant des émotions et non des paysages » (I, chapitre VI). De plus, ses origines campagnardes et son orgueil réduisent sa sensibilité. Malgré cela, elle possède **deux qualités essentielles** aux yeux de son créateur, le mysticisme du rêve et la sensualité du corps.

- **Le piège** : cependant, une « fusion morale » serait nécessaire pour qu'elle puisse libérer son imaginaire et dominer ses passions. C'est tout le contraire qui se produit.

Les lectures du couvent fixent un mirage, en la rendant amoureuse de l'Amour (idéal associé à la richesse et aux clichés romantiques). Le bal à la Vaubyessard donne à ce mirage l'apparence d'une vérité, et désormais le piège se referme.

- **Les étapes d'une déchéance** : l'amour platonique pour Léon exacerbe son désir physique, la liaison avec Rodolphe ses exigences sentimentales. La quête de la Chimère devient un tourbillon de plus en plus douloureux, **avec des retombées dans la réalité toujours plus rudes** : maladie nerveuse à Tostes, évanouissement à la naissance de sa fille, défaillances et crachement de sang après le départ de Léon, fièvre cérébrale après celui de Rodolphe, suicide final.

b. Faiblesses et grandeur

Emma manque donc à la fois de lucidité et d'intelligence critique, et **ses qualités ne lui servent qu'à souffrir davantage, jamais à pouvoir identifier son mal, encore moins à pouvoir le soigner**. Voilà pourquoi Flaubert juge son caractère « naturellement corrompu », et la dit « quelque peu perverse… une femme de fausse poésie et de faux sentiment ». Elle n'incarne donc pas directement de valeurs, comme Julien Sorel ou Eugène de Rastignac.

Cependant, elle parvient à la **lucidité**, même si elle le fait trop tard (« tout mentait ! Chaque sourire cachait un bâillement d'ennui, chaque joie une malédiction, tout plaisir son dégoût, et les meilleurs baisers ne vous laissaient sur la lèvre qu'une irréalisable envie d'une volupté plus haute », III, chapitre VI). Désintéressée, sincère, passionnée – et donc jamais bourgeoise – elle écrase de son mépris, le dernier soir, Rodolphe et Guillaumin, avant d'aller s'empoisonner « dans un transport d'héroïsme qui la rendait presque heureuse ». Victime de ses erreurs, elle parvient à la noblesse d'une héroïne de tragédie, en exprimant à la fois la faiblesse et la grandeur de la créature humaine.

c. Le bovarysme

Le succès du roman a fait d'Emma un type littéraire, mais les définitions du bovarysme ont été aussi nombreuses que différentes.

• **Au sens strict du terme, le bovarysme repose sur deux erreurs principales** : la première sur **l'Amour** qui n'est pas une fleur rare naissant exclusivement dans les châteaux ou les contrées vantées par les romans à la mode, et qui n'a donc rien du « grand oiseau au plumage rose planant dans la splendeur des ciels poétiques » (I, chapitre VI) ; la seconde sur **le bonheur amoureux**, que l'on ne peut atteindre par la traduction des rêves en actes, car « les satisfactions du corps et de la tête n'ont rien de commun » (21 août 1853). Dans la *Correspondance*, cette confusion est, par exemple, faite par Musset, qui « n'a jamais séparé la poésie des sensations qu'elle complète ». « Quand on veut ainsi mettre le soleil dans sa culotte, on brûle sa culotte, et on pisse sur le soleil. » Le romancier fera payer très cher ces deux erreurs à son héroïne.

• **Dans un sens plus large**, peuvent être considérés comme bovarystes les **amoureux d'un Idéal** tiré d'un livre (le romancier Paul Bourget pouvait ainsi évoquer un « cas curieux d'intoxication littéraire ») qui s'obstinent à essayer de « toucher leur désir » et de **parvenir concrètement à leur Rêve**. Car, lorsqu'on cherche à satisfaire le corps et l'esprit en même temps, le terrible Sphinx de la réalité finit toujours par broyer la Chimère de la « vie interne », comme dans l'impossible dialogue entre ces deux monstres, au dernier acte de *Saint Antoine.* La plus ancienne et la plus durable des passions littéraires de Flaubert le lie à *Don Quichotte*, et l'univers de *Madame Bovary* en porte la trace évidente. Et nous sommes donc tous alors, plus ou moins, bovarystes.

Madame Bovary apparaît donc d'abord, après trente ans de Romantisme, comme une violente satire de l'« Hâmour » à la mode, car « l'amour malheureux » – c'est-à-dire inassouvi – est pour Flaubert le seul Amour véritable et possible, comme il l'écrit dans son projet de *Conte oriental.* Seul le petit Justin, dans le roman, et Charles après la mort de sa femme, peuvent donc accéder à cette Passion que rien ne pourra jamais dégrader.

Cependant, le roman a surtout marqué l'évolution du genre romanesque par l'immense brèche qu'il ouvre dans la citadelle du roman balzacien, à la fois par ses ruptures profondes dans les procédés de l'écriture romanesque, et par cette histoire dont chacun de nous doit tirer lui-même la leçon. Comme l'écrivait Baudelaire dans *L'Artiste* en octobre 1857 : « La logique de l'œuvre suffit à toutes les postulations de la morale, et c'est au lecteur de tirer les conclusions de la conclusion. »

1. L'ÉCRITURE DU ROMAN

C'est en mars 1857, deux mois après son acquittement en correctionnelle pour le procès fait à *Madame Bovary*, que Flaubert se lance dans *Carthage*. Mais l'entreprise va connaître, dès le début, des difficultés imprévues.

A. DES DÉBUTS DIFFICILES

a. Les raisons d'un choix

Le choix d'un « sujet antique » répond à une triple intention, exprimée plusieurs fois par l'auteur :

- **Une réaction** pour « changer d'air », et pour vivre « dans des milieux moins nauséabonds », après le « dégoût de la vie moderne » inspiré par la *Bovary*.
- **La peur d'un nouveau procès** : la publication d'un *Saint Antoine* remanié est en effet différée, puisque cette œuvre traite de la religion.
- **« Un sujet splendide »**, car « la beauté n'est pas compatible avec la vie moderne ». « Ce sera de l'Art, de l'Art pur, et pas autre chose ! » (23 janvier 1858).

b. Le voyage à Tunis

Après une année de travail (six mois de lectures, deux chapitres écrits), le « **vide** » du sujet oblige Flaubert à se rendre sur les lieux (voyage d'avril-juin 1857). Au retour, il s'exclame : « Je démolis tout. C'était absurde ! impossible ! faux ! »

Les déclarations qui précèdent ce voyage insistent surtout sur les difficultés de l'auteur à voir les paysages, donc à mettre en place la psychologie : le « côté topographique et local » est en effet nécessaire pour voir, donc pour « bien sentir », pendant la phase d'« aspiration des personnages ».

B. LES MODIFICATIONS ESSENTIELLES

a. Les premiers scénarios

Les premières ébauches de *Salammbô* donnent une grande importance au couple central (Pyrrha, vierge mystique, et

Mathôs, chef barbare). L'héroïne, sortie directement du « roman flamand », rêvait au manteau sacré de la déesse, le péplos d'Astarté, que Mathôs allait voler pour elle.

b. Une ville, une guerre

L'évolution des scénarios va fortement modifier le projet initial en liant plus nettement le duo amoureux aux événements historiques, en simplifiant l'organisation des personnages (dès le scénario II, Hamilcar est le père de Pyrrha-Salammbô), en soulignant l'alternance des victoires et des revers (quinze chapitres remplacent le plan en trois parties inégales).
Le mouvement général du roman s'organise alors autour d'un lieu, Carthage, et de la « guerre inexpiable » (expression de l'historien grec Polybe) qui s'y déroule.

C. « RESSUSCITER CARTHAGE »

a. Roman et histoire

Littérature et Histoire sont intimement mêlées depuis *Les Martyrs* (1809), de Chateaubriand, mais aussi depuis l'immense succès de Walter Scott, qui devient l'idole d'une génération entière. Inversement, l'Histoire va être colorée par cette vogue « romantique », et porter la marque du lyrisme et de la subjectivité. Pour Jules Michelet, par exemple, elle est « **résurrection de la vie intégrale** » (*Préface* de son *Histoire de France* - 1869). C'est bien dans ce contexte que Flaubert vient s'inscrire, avec les mêmes mots, puisqu'il veut lui aussi « ressusciter Carthage » ; mais son projet est bien différent.

b. Une archéologie « probable »

Selon son habitude, Flaubert épuise tous les documents disponibles, depuis la Bible jusqu'à ses notes de voyage, en utilisant selon ses besoins ces textes venus d'horizons très différents. Car sa méthode repose sur deux convictions très fortes, qui rendent son archéologie « probable » :

- **L'Orient est immuable**, et rien n'a donc changé depuis l'Antiquité : les personnages de *Salammbô* et les bateliers du Nil rencontrés en 1850 ne sont donc pas de nature différente.
- **Les civilisations antiques avaient entre elles plus de ressemblances que de différences**. L'auteur transpose donc à Carthage, sans aucun état d'âme, une prière à Cérès inspirée de l'écrivain latin Apulée, ou certaines coutumes assyriennes.

c. Un travail de romancier

Car Flaubert se « moque de l'archéologie », et s'appuie ouvertement sur « l'induction » et l'analogie, à tel point qu'il ne distingue plus « les conjectures des sources authentiques ». **Il se veut donc romancier**, et non historien, et affirme avoir seulement voulu « fixer un mirage en appliquant à l'Antiquité les règles du roman moderne ».

2. LES STRUCTURES ROMANESQUES

Cette « couleur morale » que Flaubert vantait aux Goncourt repose sur une grande cohérence interne, et sur des structures fortes.

A. UN MOMENT SIGNIFICATIF

a. Le « faisandage moral »

Flaubert a toujours déclaré sa préférence pour les époques de « **faisandage moral** » et de « **décadence** », lorsque les lois s'affaiblissent, et que l'individualisme peut s'affirmer. On comprend donc sa fascination pour la révolte des mercenaires.
D'autant plus que la « guerre inexpiable » lui permet d'aller, dans une gradation calculée, de la simple cruauté à la barbarie la plus extrême, dans des épisodes où l'horreur physique et la trahison se mêlent constamment.

b. Barbares contre civilisés

La confrontation de deux mondes (les Carthaginois face aux Mercenaires venus de toutes les peuplades connues) permet aussi de **multiplier à l'infini les contrastes** grandioses ou pittoresques : différences dans les parures, les religions, les physionomies, immenses batailles, spectacles de rêve comme l'arrivée des 80 000 Africains au chapitre XII.
Et pourtant, barbares et civilisés **expriment une même vision de l'homme** ; Carthage, avec ses riches, avec ses prêtres, avec sa foule inconstante et lâche, c'est, autant qu'à Yonville l'Abbaye, l'éternelle « bête féroce », qui interdit de croire à un quelconque Progrès.

c. Une courbe sinusoïdale

Le lecteur passe ainsi d'un triomphe à un écrasement, et la multiplication de ces retournements (à la différence d'Emma, dans ses montées vers le rêve et ses retombées dans la réalité) n'a rien de logique : les hasards de la guerre, la démoralisation subite, la confusion pèsent davantage que le courage des hommes ou le génie des chefs, et le triomphe de Carthage apparaît donc comme un accident sans aucune signification.

B. RÉSUMÉ DU ROMAN

L'intrigue se déroule après la première guerre punique, au troisième siècle avant Jésus-Christ.

Carthage ruinée ne peut plus payer ses mercenaires, qui se révoltent (chapitre I), mais acceptent ensuite de quitter la ville (chapitre II). Leur chef Mathô, amoureux de Salammbô, fille d'Hamilcar Barca, ramène ses troupes vers Carthage, puis dérobe dans son temple le voile sacré de Tanit, le zaïmph, qui représente le salut de la ville (chapitre V). La guerre s'engage par la défaite du général carthaginois Hannon (chapitre VI), mais Hamilcar revient à Carthage et obtient le commandement suprême (chapitre VII). Les Barbares sont écrasés à la bataille du Macar (chapitre VIII), mais Mathô réussit à encercler le camp d'Hamilcar (chapitre IX).

C'est alors que Salammbô, poussée par le grand prêtre Schahabarim, rend visite à Mathô sous sa tente et lui dérobe le zaïmph. Dès lors, les revers et les victoires se succèdent, dans une cruauté toujours plus grande : massacre des mercenaires et meurtre du général prisonnier Giscon (chapitre XII), furieux assauts des assiégeants et sacrifice des enfants carthaginois à Moloch (chapitre XIII), agonie des mercenaires dans le défilé de la Hache, défaite et crucifixion du général Hannon, tandis que les restes des armées mercenaires sont anéantis par Hamilcar, et que Mathô est fait prisonnier (chapitre XIV).

Le dernier chapitre décrit la fête célébrée pour la victoire de Carthage : Mathô est supplicié par la populace, et Salammbô meurt brusquement en plein triomphe. « Ainsi mourut la fille d'Hamilcar, pour avoir touché au manteau de Tanit. »

C. CARTHAGE

a. L'organisation de l'espace

• **Autour de la ville** : l'alternance entre défaites et victoires accompagne les déplacements de personnages ou d'armées, qui ne cessent de quitter la ville ou d'y revenir. Carthage est **donc l'enjeu et le centre de toutes les convoitises**. Autour d'elle, les villes ennemies (Tunis, Utique, Hippo-Zaryte), la nature trompeuse ou étrange (le fleuve Macar, la montagne des Eaux Chaudes, le défilé de la Hache). Au dénouement, toutes les cités sont anéanties, comme l'armée des Barbares.

• **Dans la ville** : l'intrigue ramène le lecteur dans les mêmes quartiers : Byrsa et l'Acropole, Mégara avec la haute maison d'Hamilcar, les Mappales où vivent les pêcheurs, enfin les quartiers pauvres de Malqa, ceux des marins et des teinturiers. **Les quatre temples des Baalim** règnent sur la ville : celui de Moloch dans un endroit sinistre, près de la place de Khamon, vouée au massacre pendant tout le roman ; celui de Melkhart à l'opposé ; celui d'Eschmoûn au sommet de l'Acropole, celui de Tanit au bas de Byrsa.

Nous ne voyons donc de Carthage que les points stratégiques (par exemple, l'aqueduc) ou les demeures des puissants, alors que les quartiers pauvres sont le plus souvent vus de loin.

b. La société carthaginoise

Flaubert procède de la même manière pour nous peindre la société carthaginoise, dont il décrit surtout les hautes classes, les Syssites, les Riches et les Anciens. Les personnages principaux en sont issus, comme Salammbô, comme les trois généraux les plus éminents (Giscon, Hannon, Hasdrubal), et les quatre pontifes. Les serviteurs, les prêtres, la foule des femmes ou du peuple n'existent que comme reflets ou comme victimes des puissants de la ville.

À travers les contrastes violents dans les costumes, les physionomies ou les caractères, ces individualités se rejoignent, comme les Anciens qui sont tous « savants dans les disciplines religieuses, experts en stratagèmes, impitoyables et riches ». **Les trois caractéristiques constantes des classes dominantes, à Carthage, sont en effet la ruse, la superstition et la férocité.**

D. MOLOCH ET TANIT

a. L'eau et le feu

Mais l'opposition la plus structurante du roman reste celle des deux grands Baalim : Moloch, le soleil, et Tanit, la lune. Ces deux divinités antagonistes, avec leurs cultes et leurs prêtres si différents, s'unissent dans les légendes sur la création du monde rapportées par Schahabarim au chapitre III, et leur lutte rythme ou accompagne les soubresauts de la guerre ou de l'intrigue amoureuse. C'est la lune, élément femelle, qui « inspire et gouverne les amours des hommes », tandis que l'orage représente le triomphe de l'élément mâle (« Le tonnerre grondait ; c'était la voix de Moloch ; il avait vaincu Tanit ; et, maintenant fécondée, elle ouvrait du haut du ciel son vaste sein », chapitre XIV). Ainsi, aux yeux des Carthaginois, « l'eau est enfantée par la lune », et la lumière comme le feu appartiennent à Moloch.

b. Un immense malentendu

• **Salammbô** vit dans « un état hystéro-mystique languissant » (scénario XX), ayant pour Tanit l'adoration d'une prêtresse, mais elle a été tenue à l'écart de la prostitution sacrée, dans l'attente d'un mariage politique. Elle est donc à la fois vierge, et « soumise à l'idée fixe » du mysticisme religieux.

Selon la morale de l'insatisfaction (▶ **chapitre 1, A, b**), il est normal que les jeûnes, la prière et la chasteté provoquent l'excès inverse, c'est-à-dire des rêves d'amour physique (« C'est une caresse qui m'enveloppe, et je me sens écrasée comme si un dieu s'étendait sur moi », chapitre III) mais également le désir d'aller plus loin dans la connaissance de la déesse.

• **Mathô**, lui aussi, est un étranger par rapport à Carthage. C'est un Lybien « de taille colossale », courageux et fruste (« Il craignait les dieux et souhaitait mourir dans sa patrie », chapitre II). C'est aussi un oriental, même s'il se montre un peu moins féroce que les autres, et un oriental amoureux, au sens que l'Antiquité donnait à ce mot : une malédiction envoyée par les dieux, « une rage, une maladie », comme l'écrivait Plutarque.

Salammbô apparaît à Mathô au milieu des prêtres de Tanit, et comme l'incarnation de la déesse. Mathô, de son côté, est fortement lié à la guerre, au soleil et au sang, qui accompagnent Moloch. D'où **un immense malentendu réciproque, dans deux âmes naïves et superstitieuses.**

c. La « fouterie mystique »

Leur union sexuelle a d'ailleurs lieu sous le voile de Tanit, place sacrée et réservée à l'étreinte de la déesse et de Moloch, et cette « fouterie mystique » (folio 182) nous montre deux mortels persuadés qu'ils font l'amour à un dieu, comme dans les légendes antiques.

Salammbô confond alors plaisir physique et communion mystique (« – Moloch, tu me brûles ! – elle était comme enlevée dans un ouragan, prise dans la force du soleil », chapitre III), tandis que Mathô, de son côté, confond adoration physique et invocation religieuse.

La rencontre amoureuse, sous la tente enflammée par l'orage et par les lueurs de l'incendie, est **le point culminant du roman**, et comme l'annonce du dénouement, puisque le zaïmph va revenir à Carthage et restaurer l'autorité de Tanit. De même, plus tard (chapitre XIV), la puissance de Moloch va féconder Tanit en noyant la ville assoiffée sous un déluge salvateur, et là encore assurer la gloire de Tanit, que la foule en liesse adore pendant la fête finale. Ainsi, c'est **le principe femelle** qui triomphe au dénouement.

Mais ce triomphe a été obtenu sur un champ de ruines, et le malentendu amoureux se termine par la sanglante mise à mort de Mathô-Moloch, dont le cœur palpitant est arraché, aux dernières lueurs du couchant, par un prêtre eunuque, lui-même déchiré entre Moloch, qu'il ne peut rejoindre, et Tanit qu'il a reniée.

Théophile Gautier saluait en *Salammbô* « un poème épique », mais l'épopée est toujours fondée sur des valeurs (la présence divine, les exploits, le Bien, le Héros, etc.) qui lui donnent sa couleur et sa force. Or dans ce roman le courage physique est stérile, les dieux plus grotesques encore et plus atroces que les hommes, et un faux Moloch écorché vif vient finalement s'écrouler aux pieds d'une hystérique désillusionnée.

Il semble donc préférable de maintenir *Salammbô*, selon la volonté de son auteur, dans le grand mouvement du roman historique qui traverse le XIXe siècle, des *Chouans* à *La Guerre du Feu*. D'ailleurs, cette *Iliade* sombre répond assez bien au rêve que Hugo esquissait dès 1824, lorsqu'il écrivait : « Il restera un autre roman à créer, plus beau et plus complet selon nous. C'est le roman à la fois drame et épopée, réel mais idéal, vrai mais grand, qui enchâssera Walter Scott dans Homère. »

L'ÉDUCATION SENTIMENTALE : ROMAN ET HISTOIRE

La date de parution de *L'Éducation sentimentale*, en 1869, à la veille de la guerre franco-allemande, a certainement joué un rôle dans le mauvais accueil réservé au roman. Cependant, il y a sans doute des raisons plus réelles pour expliquer l'échec de ce livre complexe, ambitieux et original, échec dont l'auteur a été durablement affecté.

A. L'ÉVOLUTION DU PROJET

Nous avons déjà évoqué le « genre faux » créé par Walter Scott, où roman et histoire se mêlent (la formule est de Chateaubriand). En développant sa fiction entre 1840 et 1869, c'est-à-dire dans le passé immédiat, Flaubert se place plus franchement sur le terrain de Balzac que dans le drame historique.
L'élaboration des scénarios, entre avril et septembre 1864 (l'écriture du roman va de cette date à mai 1869), permet de saisir à quel moment la nature du roman a changé.

a. Le changement de héros

Les premiers projets, en effet, prennent clairement comme sujet central un adultère parisien. Cependant, en développant le contraste entre l'épouse et la courtisane, Flaubert note soudain : « Mais s'il y a parallélisme entre ces deux femmes l'honnête et l'impure l'intérêt serait porté sur le jeune homme — ce serait alors une espèce d'Éducation sentimentale ? »
L'héroïne (qui s'appelait Madame Moreau) devient alors Madame Arnoux, perdant en même temps son nom et son premier rôle au bénéfice de Fritz, le futur Frédéric.

b. Le titre

L'ancien titre de 1845, *L'Éducation sentimentale*, est donc repris dans une perspective complètement nouvelle : « Je veux faire l'histoire morale des hommes de ma génération ; **sentimentale** serait plus vrai » (octobre 1864). Il s'agit en effet de « montrer que le Sentimentalisme (son développement depuis 1830) suit la Politique et en reproduit les phases » (*Carnet 19*), en nous montrant un jeune homme s'affranchir peu à peu de ce sentimentalisme.

c. L'évolution du plan

• **L'importance des dernières pages** : après quelques hésitations, Flaubert réduit le nombre des chapitres dans chacune des trois parties, et chaque étape de cet itinéraire reçoit une couleur différente (comme dans *Madame Bovary*).

« 1ère époque - rêve et poésie ;
2e = nerveuse - angoisseuse.
3e pratique, jouissante, dégoûtée » (611 f° 120).

Cette symétrie parfaite (6 chapitres pour chaque partie) donne une force particulière au bref épilogue (III, chapitre VII) sur lequel nous reviendrons.

• **La structure générale du roman** exagère encore le « défaut de proportion » (volontaire) des romans précédents, sur une période plus longue.

Deux premières parties, avant 1848, dans lesquelles rien ne semble progresser (avec même un retour apparent au point de départ, au début de la deuxième), une troisième partie plus « dramatique ». Le rythme du roman ne suit pas l'Histoire, il reproduit les incertitudes, les difficultés et les lenteurs de la vie quotidienne, dans les méandres d'une initiation qui ne prend forme qu'en fin de roman.

B. RÉSUMÉ DU ROMAN

Première partie (septembre 1840-décembre 1845)

Un jeune étudiant de Nogent-sur-Marne, Frédéric Moreau, reste ébloui par sa rencontre avec Marie Arnoux (chapitre I). Venu à Paris faire son droit, et bientôt rejoint par son ami Deslauriers, il cherche à revoir la femme qu'il aime, et se lie avec son mari, affairiste sans scrupules et époux volage. Invité enfin chez les Arnoux (chapitre IV), Frédéric est reçu à ses examens, se fait quelques amis, mais il se perd dans des projets multiples, et sa passion reste inavouée. La révélation brutale de sa pauvreté (chapitre V) le renvoie en province, où il se lie d'amitié avec la petite Louise, fille de Monsieur Roque, le régisseur du riche banquier Dambreuse, mais aussi où il s'ennuie, et où il rêve toujours à Madame Arnoux (chapitre VI). Un héritage inespéré lui permet de retourner vivre en rentier dans la capitale.

Deuxième partie (décembre 1845-février 1848)
Dès son retour à Paris, Frédéric est conduit par Jacques Arnoux chez sa maîtresse, Rosanette Bron (chapitre I). Il s'installe dans un hôtel particulier, est invité chez les Dambreuse, devient un familier des Arnoux (chapitre II), mais Madame Arnoux reste insensible à ses déclarations, et leur passion reste chaste, même si elle est maintenant réciproque. Frédéric, qui passe à Nogent pour le fiancé de Louise Roque (chapitre V), obtient enfin un rendez-vous de Madame Arnoux. Mais elle ne peut s'y rendre, son fils étant tombé gravement malade. De dépit, Frédéric devient l'amant de Rosanette (chapitre VI).
Troisième partie (février 1848-hiver 1869)
Enthousiasmé par la Révolution de février, Frédéric veut se lancer dans la politique, mais la tentative échoue, et bientôt les ouvriers sont écrasés dans les journées de juin (chapitre I). Sa liaison avec Rosanette devient régulière, mais Louise le poursuit toujours, et il devient l'amant de Madame Dambreuse (chapitre III), tandis que les affaires d'Arnoux deviennent de plus en plus douteuses, et ses dettes plus pressantes. Rosanette accouche d'un garçon, mais le bébé meurt bientôt, alors que les Arnoux viennent de s'enfuir devant les créanciers (chapitre IV). Frédéric rompt avec Rosanette, puis avec Madame Dambreuse qu'il devait épouser, tandis que Louise se marie avec Deslauriers (chapitre V). Une dernière entrevue avec Madame Arnoux permet aux deux amants de célébrer leur longue passion, inassouvie et par là-même éternelle (chapitre VI).
Au dénouement, Frédéric et Deslauriers tirent la leçon de leur vie « manquée », et revivent, à travers l'épisode de la Turque, l'époque de leurs rêves d'adolescence, pour affirmer : « C'est là ce que nous avons eu de meilleur » (chapitre VII).

C. FICTION ET HISTOIRE

a. Le vrai problème

Au moment où il commence à écrire sa troisième partie, Flaubert formule ainsi ce qui lui semble **la difficulté essentielle** dans son projet : « Mais j'ai bien du mal à emboîter mes personnages dans les événements politiques de 48 ! J'ai peur que les fonds ne dévorent les premiers plans. C'est là le défaut du genre historique. Les personnages de l'histoire sont plus intéressants que ceux de la fiction, surtout quand ceux-là ont des passions modérées. » D'où la nécessité de maintenir au second plan les grandes figures de l'Histoire, et de garder à la fiction, constamment, la première place.

b. Une chronologie floue

Dans ce but, la chronologie apparaît comme plus soigneusement brouillée encore que dans les romans précédents :

- **Les dates sont rares** (du 15 septembre 1840, qui ouvre le livre, jusqu'à la dernière entrevue avec Madame Arnoux en mars 1867), et appartiennent toujours aux **événements de la fiction**. Ainsi, la vente aux enchères est datée du 1er décembre 1851, mais le coup d'état du lendemain est passé sous silence.
- **Le lecteur n'assiste que très rarement à ces événements historiques**, souvent en décalage par rapport à eux : l'attaque du Château d'eau et le pillage des Tuileries (février 48), la traversée nocturne de Paris ravagé, et le meurtre dans la prison (juin 48), la charge des cuirassiers sur les boulevards (décembre 51).
- **Les centaines d'allusions à l'actualité** de l'époque (la documentation réunie par Flaubert à partir des journaux, de ses souvenirs personnels et de témoignages atteint 5 000 pages) **sont émiettées** à travers des faits divers, des commentaires contradictoires ou ineptes, des anecdotes sans importance.

La structure chronologique du roman est donc, de manière paradoxale, extrêmement floue, ou même fausse, ce qui montre que l'auteur s'est parfois pris à son propre piège. On sait, par exemple, que le fils de Madame Arnoux ne peut naître, en quelque sorte, que par génération spontanée, que l'année 1846 est complètement escamotée, et que la grossesse de Rosanette dure… vingt-cinq mois.

c. Les étapes symboliques

En fait, la fiction ne « s'emboîte » dans l'Histoire qu'**à travers trois moments très symboliques.**

- **En février 1848**, les étudiants, les ouvriers et les bourgeois combattent sur les mêmes barricades contre un adversaire commun, la monarchie de Louis-Philippe : extraordinaire moment d'espoir et de fraternité, où l'on rêve ensemble de liberté et de justice sociale.
- **En juin 1848**, l'armée et les gardes nationaux (bourgeois) écrasent la révolte des ouvriers. Ce massacre entre les alliés de la veille reste la grande déchirure politique qui partage le siècle.

● Les rivalités, les intrigues et les égoïsmes laissent la route libre à Louis-Napoléon Bonaparte pour préparer et réussir son **coup d'État du 2 décembre 1851** : des espoirs de février 1848, il ne reste qu'un immense cimetière de rêves.
Ces trois dates déterminent donc, dans la fiction, **quatre étapes successives dans le Sentimentalisme**, en amour comme en politique.

Tableau 1

Chronologie	Sentimentalisme amoureux	Sentimentalisme politique
1) AVANT 1848		
L'IDÉAL	RÊVE D'AMOUR	RÊVE DE LIBERTÉ
(Première partie Deuxième partie)		
2) FÉVRIER 1848		
22 février	Rendez-vous amoureux rue Tronchet	
23 février	Frédéric amant de Rosanette	
25 février		Attaque du Château d'eau Pillage des Tuileries
DU RÊVE À LA RÉALITÉ : Le temps des illusions	Profanation du sanctuaire de l'idole, avec la courtisane	Profanation du Palais Fille publique en statue de la liberté
3) JUIN 1848	Frédéric vit avec deux femmes, et s'applaudit de sa « perversité »	Massacre des ouvriers Dussardier blessé - meurtre commis par le père Roque. Corruption généralisée
DE LA DÉCEPTION AU DÉGOÛT : Le temps des compromissions		

Chronologie	Sentimentalisme amoureux	Sentimentalisme politique
4) FIN 1851		
Novembre (milieu de l'automne)	Mort de l'enfant Fuite des Arnoux Rupture avec Rosanette	
1er décembre 1851	Vente aux enchères, rupture avec Mme Dambreuse	
2 décembre 1851		Coup d'État de Louis-Napoléon Bonaparte
4 décembre 1851	Mariage de Louise Roque	Meurtre de Dussardier par Sénécal
L'ANÉANTISSEMENT : Le temps des catastrophes	MORT DE LA VIE SENTIMENTALE	MORT DE LA LIBERTÉ

Chacune de ces étapes est structurante dans le destin de personnages très différents, aussi bien dans la réussite progressive des « canailles » (Martinon, Hussonnet, Pellerin) que dans la déchéance d'Arnoux, depuis *l'Art industriel* jusqu'à la ruine, en passant par la faïencerie de Creil et le magasin d'articles religieux. Et même le fameux coffret d'argent Renaissance, aperçu chez Madame Arnoux, passé chez Rosanette, enfin acheté par Madame Dambreuse à la vente aux enchères, suit bien cette descente par degrés, depuis la Passion et le Rêve jusqu'à la vénalité brutale.

L'ÉDUCATION SENTIMENTALE : LE QUADRILLE DES PERSONNAGES

À sa première visite chez Rosanette (II, chapitre I), Frédéric assiste aux évolutions d'un gigantesque quadrille. Cette danse, où quatre couples se croisent dans la figure centrale, pourrait servir de symbole pour l'organisation des personnages dans le roman : le chiffre quatre, en effet, s'y retrouve à chaque instant, dans une extension du binaire qui permet d'enrichir les « parallélismes ».

A. L'ORGANISATION GÉNÉRALE

a. Les deux couples symboliques

- **Deux couples traversent le roman** du début à la fin, dessinant deux axes forts, celui du Sentimentalisme amoureux, celui du Sentimentalisme politique.
- **Frédéric et Madame Arnoux** : « Il serait plus fort de ne pas faire baiser Mme Moreau qui chaste d'action se rongerait d'amour », note le *Carnet 19*. Nous connaissons désormais les idées de Flaubert, et nous pouvons reconnaître là le signe de « l'amour malheureux », et donc la marque de la vraie Passion réciproque.
- **Frédéric et Deslauriers** : malgré les brouilles, malgré les trahisons de Deslauriers, la « fatalité de leur nature » (III, chapitre VII) conduit les deux amis à se retrouver pour l'épilogue, et permet à Frédéric de nous donner la leçon finale.

b. La notion de groupe

- **Droite et gauche** : « Les patriotes ne me pardonneront pas ce livre, ni les réactionnaires non plus ! », prédit Flaubert à George Sand en juillet 1868. Certes, la tentation est forte d'opposer les conservateurs (Dambreuse, Roque, de Cisy, Martinon) aux partisans du changement (Dussardier, Frédéric, Deslauriers, Sénécal), mais ce classement est sans doute illusoire. D'abord parce que les personnages sont hybrides ou fluctuants, ensuite parce qu'au-delà de leurs différences de surface, tous les partis pour Flaubert sont « également bornés, faux et puérils ».
- **Des groupes en évolution** : il semble donc plus juste de distinguer des groupes différents, ayant chacun leur mode de constitution, leurs oppositions internes et leurs ambiguïtés.

Ainsi les artistes (Arnoux, Pellerin, Hussonnet et Delmar), ou, de façon plus indirecte, les représentants de la génération précédente (Dambreuse et Roque, opposés à Regimbart et Arnoux). Ces groupes se défont ou se retrouvent dans de nombreuses réunions chez Frédéric, chez Dambreuse, chez Arnoux, etc., ce qui permet sans trop d'artifice de mettre en scène des catégories sociales très différentes : celles qui ont joué un rôle direct dans la Révolution de 1848, et dans le débat d'idées qui l'a suivie.

• **L'émergence d'une vérité** : nous sommes très loin des types balzaciens, ne serait-ce que parce que Flaubert ne croit ni aux classes sociales ni aux valeurs morales, et les opinions défendues par ces personnages sont le plus souvent éphémères, égoïstes ou contradictoires. Mais les marques d'énonciation et l'évolution de l'intrigue permettent au lecteur, peu à peu, d'y voir plus clair dans le destin de cette génération de 1848.

B. LE RÊVE DE LIBERTÉ : LES QUATRE JEUNES GENS

a. L'organisation interne

• **Les oppositions initiales** : dès le début, les contrastes et les décalages entre Frédéric et Deslauriers sont nombreux et appuyés : différences, en effet, d'âge, d'origine sociale, de caractère, de physique, de dénomination (un prénom, Frédéric, et un nom, Deslauriers). L'un a perdu son père, l'autre sa mère ; l'un veut l'amour, l'autre le pouvoir, même s'ils sont unis par des rêves et des ambitions parallèles.

• **La constitution du groupe** : chacun d'eux va amener un nouvel ami, lui-même en décalage d'un degré supplémentaire. Les trois maillons ainsi formés (Frédéric-Dussardier, Frédéric-Deslauriers, Deslauriers-Sénécal) permettent alors d'élargir les différences jusqu'à des contrastes forts.

Tableau 2

Dénominations habituelles	Statut social	Physique	Caractère	Itinéraire	Sort final
DUSSARDIER « le (brave) commis »	enfant bâtard petit employé	sorte d'Hercule chevelure d'étoupe	combattant naïf et idéaliste	exaltation puis désespoir	tué par Sénécal

Frédéric MOREAU « Frédéric »	fils de famille	physique intéressant cheveux longs	préfère le rêve à l'action	désillusions puis sagesse relative	vit en petit bourgeois
Charles DESLAURIERS « le clerc » « Deslauriers »	étudiant pauvre	lunettes dépolies face blême air sinistre	intrigant et égoïste	échecs successifs reste le même	employé pauvre
SÉNÉCAL « le répétiteur »	répétiteur de mathématiques	dur et froid yeux gris cheveux en brosse	doctrinaire impitoyable	de plus en plus brutal et insociable	policier meurtrier de Dussardier puis disparaît

Ce petit tableau peut aider à mieux comprendre de quelle manière Flaubert crée des personnalités fictives conformes à l'« harmonie interne ». En gardant une psychologie à la fois complexe (en dehors des idées reçues) et vraisemblable, il parvient jusqu'aux deux extrêmes, le dogmatique et l'idéaliste, le doctrinaire et le combattant, qui vont tous deux disparaître à la fin du roman.

b. Des itinéraires significatifs

Même s'ils ont un ennemi commun, l'absolutisme, et s'ils affichent une même ferveur pour la liberté, les quatre amis, en raison de ces décalages, vont suivre quatre routes complètement différentes :

- **La générosité de Dussardier** et sa confiance naïve en l'homme vont le rendre de plus en plus vulnérable (poste de police – blessure grave en juin 1848 – angoisse d'avoir mal choisi son camp – désespoir, enfin, et mort tragique).
- **Frédéric**, moins engagé, éprouve des désillusions politiques moins foudroyantes, et parvient même à une lucidité indéniable.
- **Deslauriers** trahit tout le monde, et particulièrement Frédéric, fait un mariage d'argent, et pourtant collectionne les déconvenues. Car l'ex-préfet devient successivement « chef de colonisation en Algérie, secrétaire d'un pacha, gérant d'un journal, courtier d'annonces, pour être finalement employé au contentieux dans une compagnie industrielle » (III, chapitre VII).
- **Sénécal**, de plus en plus fasciné par l'idéologie brutale et par les rapports de force, passe à l'ennemi, pour finir en policier et en meurtrier renégat.

Ces quatre destins (et d'abord celui de Deslauriers, admirateur déclaré de Rastignac) montrent à l'évidence qu'il ne suffit pas de vouloir « parvenir » pour réussir dans la société, au prix de quelques compromissions, comme semblaient l'indiquer les héros de Balzac. *L'Éducation sentimentale* constitue bien, en ce sens, **une réponse à la *Comédie humaine* et à des valeurs que Flaubert juge fausses ou illusoires.**

C. LE RÊVE D'AMOUR : LES QUATRE FEMMES

Quatre hommes qui rêvent de liberté, chacun à sa manière, mais surtout quatre femmes qui font rêver Frédéric, chacune de manière différente. Du contraste initial entre « l'honnête et l'impure », Flaubert, là encore, a élargi les parallélismes, de manière à enrichir la quête sentimentale.

a. Quatre tentations amoureuses

Chaque groupe est différent par son organisation interne, mais nous retrouvons facilement les contrastes structurants et les différents degrés (dans la pureté, l'apparence physique, la richesse, etc.).

Tableau 3

Dénominations habituelles	Portrait physique	Statut moral	Statut social	Image amoureuse
Louise ROQUE « Melle Louise »	grâce de jeune bête sauvage cheveux rouges regard vert-bleu	virginité jeunesse et naïveté	campagnarde riche héritière (4 500 F de rente)	rêve de Pygmalion
Marie ARNOUX « Mme Arnoux » « Elle »	physique de madone yeux noirs bandeaux noirs	la femme mariée honnête et vertueuse	bourgeoisie ruine progressive	passion inactive et rêve
Rose-Annette BRON « Rosanette » « La Maréchale »	jolie et bien faite yeux bleus blonde cheveux très longs	« corruption franche » (*Carnets*) la courtisane	femme entretenue	sensualité joyeuse
Mme DAMBREUSE « Madame Dambreuse »	maigre ni laide, ni jolie blonde bouclée à l'anglaise	« corruption discrète » (*Carnets*) la femme du monde	épouse de banquier	femme de luxe

Nous retrouvons également les personnages complexes (Rosanette est une « bourgeoise déclassée », Madame Dambreuse « une lorette manquée », disent les *Carnets*). Ces femmes n'incarnent ni des classes sociales ni des types psychologiques, mais des images différentes de la tentation amoureuse, dans la conscience de Frédéric.

b. Le personnage de Madame Arnoux

Madame Arnoux occupe une place privilégiée dans ce quatuor, mais ne représente pas la femme inaccessible, même si elle apparaît le plus souvent en madone nimbée de lumière, ou en mère de famille vertueuse. Trompée et humiliée par un mari affairiste et pour le moins peu délicat, sensible aux attentions de Frédéric, elle est sans doute prête à l'adultère assez tôt dans le roman ; d'ailleurs, elle se rend parfois complice de manœuvres bien troubles (sa visite chez Frédéric, par exemple, pour obtenir de l'argent). Et il est clair qu'à la fin du roman, dans la dernière entrevue, elle est bien venue « pour s'offrir ».

Cependant, les marques d'énonciation indiquent nettement que ces quatre visages de l'Amour ne sont pas mis sur le même plan : si Louise Roque n'est présente que par sa fougue sensuelle (elle manque donc de vie interne), Madame Dambreuse est une femme complètement superficielle et une maîtresse décevante (péchant à la fois contre le mysticisme et la sensualité). Les deux fascinations les plus fortes et les plus durables restent celles du **désir physique** (Rosanette) et celle de **l'amour rêvé**, ce qui ne peut étonner chez un auteur qui écrit en novembre 1853 qu'il exècre la galanterie, et qu'il aime « la chose d'abord en elle-même, la chair ; puis la Passion, violente, haute, rare, la grande corde pour les grands jours ». C'est bien parce qu'elle appartient à « l'amour malheureux » que la figure de Madame Arnoux reste plus persistante et surtout plus lumineuse, pour Frédéric comme pour le lecteur.

10 *L'ÉDUCATION SENTIMENTALE* : L'HISTOIRE D'UNE GÉNÉRATION

Depuis plus d'un siècle, la critique voit volontiers dans *L'Éducation sentimentale* un roman de l'échec, et en Frédéric une sorte d'anti-héros passif et velléitaire. L'essentiel semble ailleurs, puisque **le projet central de l'ouvrage est de dire la vérité sur une génération**, celle qui a vu un abîme s'ouvrir entre ses rêves et sa vie quotidienne.

A. UNE SOCIÉTÉ MÉDIOCRE

Les Goncourt rapportent que Flaubert leur avait affirmé qu'il voulait dans son ouvrage imiter à la fois le *Tom Jones* d'Henry Fielding (1749) et le *Candide* de Voltaire (1759). Il faut donner à cette confidence toute sa force : plus qu'un roman historique, *L'Éducation sentimentale* est à la fois, en effet, un roman de mœurs et une virulente satire.

a. La voie humide

La cible principale est sans doute ce que la *Correspondance* nomme la « voie humide », celle qui vient de Rousseau, alors que la « voie sèche », celle de Voltaire, est malheureusement trop négligée. Depuis 1830, selon Flaubert, le goût des larmes, le culte de la femme et de la Vierge, ont en effet corrompu les hommes et perverti les idées, avec l'avènement d'un romantisme superficiel et faux, fondé sur la faiblesse et sur l'irrationnel. Et justement, au-delà de leurs différences, patriotes et conservateurs se rejoignent car ils sont tous héritiers de cette « voie humide ». « Tout ce que je trouve de christianisme dans les révolutionnaires m'épouvante », écrit Flaubert à George Sand en juillet 1868. Sénécal n'est donc qu'un inquisiteur moderne, rendu odieux par ses fausses certitudes, et **le messianisme social se révèle aussi dangereux que les dogmes religieux**.

b. Une folie générale

Les événements de 1848 achèvent d'étourdir cette société déjà égarée, et la raison publique en reste « troublée comme après les grands bouleversements de la nature » (III, chapitre I). Dans cette « démence universelle », aucune partie de la société ne va échapper au tourbillon contagieux de cette folie générale.

- **Le peuple** : Flaubert a toujours dit sa « haine de la foule, du troupeau » qui ne lui plaît « que les jours d'émeute, et encore ! ». Même s'il supprime finalement les atrocités commises par les insurgés en juin 1848, le rôle du peuple n'est guère glorieux : pillage et saoûlerie aux Tuileries, stupidités en série au Club de l'Intelligence, égoïsme et sottise des corporations ouvrières. Comme le déclare finalement Frédéric à Deslauriers, « le peuple est mineur, quoi qu'on prétende ! » (III, chapitre III).

- **Les puissants** : la caricature des classes dirigeantes semble plus appuyée encore, à travers la lâcheté des Dambreuse, de Cisy, Martinon, la férocité du père Roque, la course constante à l'argent, les trahisons quotidiennes, et la dérisoire nullité des existences (on peut opposer la mort de Dambreuse, par exemple, à celle de Dussardier… ou à celle de Charles Bovary).

Tous les acteurs de 1848 sont donc enveloppés dans « une égalité de bêtes brutes, un même niveau de turpitudes sanglantes : car le fanatisme des intérêts équilibra les délires du besoin, l'aristocratie eut les fureurs de la crapule, et le bonnet de coton ne se montra pas moins hideux que le bonnet rouge » (III, chapitre I). Ces jugements, venus directement du narrateur, sont sans équivoque.

B. L'ITINÉRAIRE DE FRÉDÉRIC

Si l'on garde en mémoire les principes de Flaubert, et si l'on replace Frédéric dans ce naufrage collectif, le personnage apparaît tout de suite comme moins négatif.

a. Une « passion inactive »

Le romancier a plusieurs fois expliqué, sans jamais se montrer critique, que la passion de son héros était « telle qu'elle peut exister maintenant, c'est à dire inactive », et conditionnée par l'inexpérience, par l'époque, mais surtout par une « curiosité inassouvissable d'une personnalité » qui l'emporte sur le « désir du corps ». Les *Carnets* parlent, pour l'amour de Frédéric, d'« **exaltation vague** », de « **rêverie** », mots réservés d'habitude à la contemplation des œuvres d'art.

Un jeune homme, pendant trente ans, garde son Idéal et sa raison de vivre en aimant une femme qu'il est le seul, semble-t-il, à trouver si extraordinaire. Exploit qui le met bien au-dessus des « **actifs** » et des séducteurs, et qui lui permet de supporter la « **hideuse réalité** ».

b. Une lucidité progressive

Le « défaut de ligne droite » (III, chapitre VII) et les mille projets interrompus ou contradictoires permettent à Frédéric de ressembler à la majorité des hommes, mais également de progresser.

Il a toujours été capable d'énergie (avec sa mère, chez les Dambreuse, lors de son duel) ou d'altruisme (par exemple après la blessure de Dussardier). S'il a été « l'homme de toutes les faiblesses » (expression que Flaubert a déjà employée une fois en parlant de lui-même), c'est lui qui domine complètement Deslauriers dans la dernière partie, qui rompt avec Rosanette et avec Madame Dambreuse.

Mais surtout, moins actif que les autres, il va se montrer plus lucide, à la fois par sa sagesse amoureuse que par sa maturité politique, **puisque ses jugements rejoignent ceux du narrateur dans les derniers chapitres.**

c. Les dernières pages

- **La sagesse amoureuse** : certes, il a fallu bien des hasards, des contretemps et quelques invraisemblances pour que Frédéric ne devienne pas l'amant de Madame Arnoux. Cependant, dans les dernières pages, il agit en pleine connaissance de cause. En effet, le dernier soir, s'il s'écarte de Madame Arnoux, malgré sa « convoitise plus forte que jamais, furieuse, enragée », c'est par une sorte de crainte religieuse, et aussi « par prudence et pour ne pas dégrader son idéal », comme s'il pensait enfin, comme son créateur, qu'il faut séparer radicalement l'Amour du désir physique, et donc ne jamais « toucher son désir » si l'on veut continuer à aimer. Ainsi, il transforme son ancienne « passion calamiteuse » en une passion véritable, et lui donne l'auréole de l'éternité.
- **La sagesse morale** : dans la scène finale avec Deslauriers, c'est bien Frédéric qui fait de l'anecdote chez la Turque la métaphore du roman entier. Certes, les deux compères ont « manqué leur vie »(ce qui est inévitable, quand on n'est pas une « canaille »), mais, trente-deux ans après, l'anecdote dérisoire garde sa magie, prouvant ainsi que l'amour rêvé résiste à tout, et constitue pour chacun de nous « ce que nous avons eu de meilleur ».

Les contemporains n'ont apprécié, dans l'ensemble, ni le miroir sans complaisance que leur tendait Flaubert dans son ouvrage, ni la remise en cause du Sentimentalisme et de l'Histoire récente.

L'année suivante, la « voie humide » jetait la France dans les désastres de la défaite et de la guerre civile, et dans des horreurs bien plus tragiques qu'en 1848.

L'épilogue de *L'Éducation sentimentale* trouve peut-être sa source dans le dénouement de *Candide*, et dans l'admiration fanatique toujours exprimée par Flaubert devant cette fin « bête comme la vie ». **Frédéric révèle à Deslauriers** (qui, comme Pangloss, n'a guère changé) **le véritable secret du seul bonheur possible en ce siècle**, et se révèle ainsi un héros pas si dérisoire, puisque pour la première fois un personnage de Flaubert parvient à concilier sa vie rêvée et sa vie réelle, menant ainsi à bien sa « **fusion morale** ».

11 SAINT ANTOINE

La Tentation de saint Antoine ne saurait en aucun cas passer pour un roman. Mais l'importance particulière de cette œuvre dans la carrière de son auteur, ainsi que ses ressemblances avec les romans de Flaubert, nous obligent à lui faire une place dans cette analyse.

« C'est l'œuvre de toute ma vie, puisque la première idée m'en est venue en 1845, à Gênes, devant un tableau de Breughel et depuis ce temps-là je n'ai cessé d'y songer et de faire des lectures afférentes. » Ainsi l'écrivain présente-t-il, en juin 1872, le *Saint Antoine* qu'il est en train d'achever. Il y a un abîme entre cet amour du romancier pour sa « vieille toquade », et le dédain – ou le silence – manifesté souvent par la critique devant un texte certes étrange, mais très révélateur sur l'évolution de Flaubert, et sur son univers esthétique.

1. « L'ŒUVRE DE TOUTE MA VIE... »

La fascination exercée en mai 1845 par le tableau du palais Balbi ne fait que cristalliser des images ou des projets plus anciens : œuvres de jeunesse comme *Smarh* (1839), éblouissement à la lecture du *Second Faust* de Gœthe, interminables discussions métaphysiques avec Alfred Le Poittevin, grand admirateur de Spinoza (la première version est commencée quelques semaines après sa mort, et la dernière version lui reste dédiée); mais également spectacles annuels de marionnettes à la Foire Saint-Romain autour de saint Antoine et des diablotins, ou satanisme à la mode. Flaubert va revenir « de trois manières successives » sur son *Saint Antoine*, à trois époques différentes (en 1848-1849, en 1856, en 1871-1872).

A. LES DEUX PREMIÈRES VERSIONS

a. La version de 1849

La première version est immense (541 pages), écrite en 16 mois dans la fièvre de l'inspiration, et lue à Louis Bouilhet et Maxime Du Camp en septembre 1849. **Les réactions, comme on le sait, furent totalement négatives** : texte proliférant et obscur, griserie de l'érudition et de l'imaginaire, bref « une foirade de perles », selon le mot de Bouilhet.

b. La version de 1856

À peine débarrassé de *Madame Bovary*, en 1856, Flaubert se jette sur son texte de 1849, à la fois pour « élaguer tout ce qui (lui) semble intempestif », et pour rendre le plan plus visible.
L'œuvre se trouve donc fortement réduite, et ramenée à 193 pages, mais cette réécriture n'apporte **aucune modification importante** : ni dans la structure générale en trois actes, ni dans les nombreuses allégories (les Péchés capitaux, le cochon, la Science, la Logique, etc.), ni dans les aventures du personnage principal.
Cependant, *Saint Antoine* est mis dans un tiroir, car malgré son acquittement pour *Madame Bovary*, Flaubert a peur d'être « envoyé en Cour d'Assises net » s'il publie un nouveau texte traitant de la religion.

B. LA VERSION DE 1874

a. Une période très sombre

Le dernier *Saint Antoine* est écrit entre juin 1869 et la fin du mois de juin 1872. Ces trois années sont très dures pour le pays entier (défaite et capitulation, occupation par les armées allemandes, guerre civile), mais particulièrement éprouvantes pour Flaubert. Car Louis Bouilhet, l'alter ego et le premier lecteur, l'ami de toujours, est mort en juillet 1869, la ruine des Commanville (la nièce de Flaubert et son mari) s'accélère fin 1871, enfin la mère du romancier meurt le 6 avril 1872. De tout l'univers de Croisset, et de tout l'environnement nécessaire à la tranquillité de l'écriture, il ne reste pas grand-chose.

b. Des changements significatifs

• **De nouvelles structures** : la version de 1874 réduit encore les dimensions du texte (134 pages), mais surtout elle bouleverse des aspects essentiels dans l'œuvre.
- L'affrontement physique entre les Péchés capitaux et Antoine disparaît, et le « dramatique » n'est plus dans le spectacle concret d'une bataille autour de la cabane, mais dans les désillusions successives d'Antoine.
- Le plan est modifié : les trois grandes parties de 1849 et de 1856 (dont chacune constituait un acte complexe) laissent la place à sept parties (en un ou deux tableaux), qui sont autant d'étapes dans l'itinéraire d'Antoine.

- Les dizaines d'allégories, enfin, ont disparu, et le personnage d'Hilarion-Lucifer en remplace certaines (comme la Science, la Logique, etc.). Le spectacle est donc plus simple, et les péchés plus intériorisés eux aussi, avant la « révélation » finale.

• **Les hésitations ultimes** : Flaubert, dans son plan général (folio 223), annonçait un plan en dix parties. Or il est facile de constater que la septième et dernière partie, dans le *Saint Antoine* de 1874, va finalement absorber à elle seule les quatre dernières parties de ce plan général. Comme si Flaubert avait décidé de raccourcir la fin de son texte, dans les semaines qui suivent le décès de sa mère, et de terminer sa « vieille toquade » le plus vite possible, ce qui expliquerait les scrupules manifestés plus tard, lorsqu'il exprimera à Tourgueniev sa crainte d'avoir « bâclé » son œuvre. D'ailleurs, la rupture de Flaubert avec son éditeur, Michel Lévy, va laisser *Saint Antoine* dans un tiroir pendant plus d'un an, avant sa publication par Charpentier en avril 1874. Vingt-cinq années après l'écriture de la première version.

2. LE CANEVAS DE LA PIÈCE

Le *Saint Antoine* de 1874 est difficile d'accès, car il ne contient ni titres ni subdivisions en tableaux ou en scènes. Le canevas suivant ne vise donc qu'à situer les étapes les plus significatives, dans un ensemble assez complexe.

I) **L'ennui d'Antoine**

- Sa vie passée, ses regrets (« Quelle solitude ! Quel ennui ! »).
- L'approche du diable ; les voix tentatrices.

II) **Les tentations**

- L'arrivée du diable : tentation de la nourriture, tentation de la richesse (« Je me laisse prendre à tous les pièges »).
- Le grand rêve d'Alexandrie : rêve de carnage, de puissance, avec l'empereur Constantin, le roi Nabuchodonosor, puis réveil douloureux (« Une fois de plus je me suis trompé », Antoine se flagelle).
- La reine de Saba. Antoine refuse ses avances (« Antoine fait un signe de croix »).

III) **Le doute**
- L'arrivée d'Hilarion, et dialogue dans lequel Antoine est immédiatement malmené par son ancien disciple. Il refuse finalement d'aller vers la vérité (« La route est longue, et je suis vieux ! »).

IV) **Le défilé des hérésies**
- Défilé des Hérésiarques et des sectes, Manès, Origène, etc., clos par Apollonius de Tyane, qu'Antoine refuse de suivre.

V) **Le défilé des dieux**
- Tous « à l'agonie », comme dit Flaubert. D'abord le Bouddha, Oannès, Ormuz, etc., les dieux de l'Olympe ensemble, et enfin la voix du Dieu chrétien (« Tous sont passés »).
- Hilarion devient le diable. Antoine se laisse emporter dans les airs.

VI) **La grande désillusion**
- Profession de foi d'un Diable qui annonce l'avènement de la Science, et parle comme Spinoza et Haeckel (« Il n'y a pas de but ! » – « Pas de limites ! »). Sorte de Révélation à l'envers, qui accable Antoine. Finalement, « le Diable l'abandonne ».

VII) **Le dilemme final**
- Tentation du suicide.
- Dialogue de la mort et de la luxure.
- Dialogue du Sphinx et de la Chimère.
- Défilé des monstres humains, puis des bêtes fantastiques.
- La naissance de la vie, et rêve final d'Antoine d'« être la matière ».

Dernière didascalie : « Le jour enfin paraît ; et comme les rideaux d'un tabernacle qu'on relève, des nuages d'or en s'enroulant à larges volutes découvrent le ciel.
Tout au milieu, et dans le disque même du soleil rayonne la face de Jésus-Christ.
Antoine fait le signe de la croix et se remet en prières. »

3. UNE ŒUVRE RÉVÉLATRICE

Dans quelle catégorie, dans quel genre classer *Saint Antoine* : sotie, drame, mystère, allégorie, féerie, « revue » ? La diversité des réponses imaginées par les critiques donne la mesure de leur perplexité.

A. UNE PIÈCE DÉROUTANTE

a. Des structures théâtrales

Le *Saint Antoine* de 1874 a gardé de ses origines des structures de théâtre : actes, scènes avec entrées et sorties de personnages, didascalies, monologues et dialogues. Cependant, les originalités restent spectaculaires :

- Les sept parties apparaissent comme complètement **déséquilibrées** (les trois premières très courtes, les deux suivantes immenses, les deux dernières courtes), et la très grande majorité des personnages ne passent en scène qu'une fois.
- Antoine est souvent acteur, souvent aussi **auditeur** ou **spectateur** d'une scène de théâtre dans le théâtre, avec même, parfois, une énonciation à trois destinataires (par exemple lorsque le Sphinx dialogue avec la Chimère, devant Antoine, et devant le lecteur).
- Les didascalies sont souvent très longues, parfois immenses (dix pages en début de deuxième partie) avec **des tableaux animés qui constituent de véritables narrations**.

Antoine n'est seul qu'en première et dernière partie ; ailleurs, Hilarion-Lucifer est lui aussi en scène, dominant toujours le débat.

b. Un personnage complexe

Mais Antoine , lui, n'est pas vraiment un personnage de théâtre, encore moins un saint traditionnel :

Plein d'amertume et de regret dès le début, **il succombe en effet à la moindre tentation**. Il apparaît comme plein de doute devant les Écritures, et davantage fasciné par le Bouddha ou la reine de Saba que par Jésus-Christ, qu'il invoque pourtant jusqu'à la fin.

Mais ce naïf, plein de faiblesses, devient finalement **plus lucide**, d'autant plus que son imaginaire reste riche, son érudition et sa curiosité intactes, et que son monologue final le rapproche davantage des idées défendues par l'historien Ernest Renan (1823-1892) que de la Bible. Certes, nous sommes bien loin du *Faust* de Gœthe, qui vendait son âme au diable (ce dernier n'est pas acheteur, d'autant plus qu'il n'y a pas grand-chose à vendre), mais la présence du merveilleux et les sept tableaux successifs nous ramènent parfois à l'univers du conte philosophique.

Saint Antoine se présente donc comme une œuvre hybride, comme **la grande parade d'un cirque métaphysique qui fait défiler sous nos yeux les numéros les plus célèbres imaginés par les hommes pour rendre leur prison moins triste, ou leurs angoisses moins violentes.** Dans cette revue à grand spectacle, c'est le diable qui tient le rôle de Monsieur Loyal, et qui s'amuse à éblouir ou à mystifier devant nous un homme un peu plus honnête, plus savant, mais aussi faible que les autres hommes.

B. UNE ŒUVRE CENTRALE

a. L'itinéraire d'Antoine

- **Les désillusions** : chaque acte apporte au personnage central, qui demeure assez passif, son lot de déceptions. Sur lui-même (I et II), sur les textes sacrés (III), sur la Foi (IV et V, car la multiplicité des hérésies renforce le scepticisme, la variété des religions révèle leur vanité), sur Dieu (VI – « Il n'y a pas de but » – « Peut-être qu'il n'y a rien ! »), sur les éternelles déchirures de l'humanité (VII – La mort et la luxure, le Sphinx et la Chimère, le mystère de la vie).
- **Le dénouement** : le tableau final peut paraître ambigu, puisque Antoine, malgré son élan scientiste, se remet en prières. Et pourtant, nous savons bien que pour Flaubert il n'y a que la foi qui sauve, même si le ciel est vide. Le vrai miracle, à la fin de *Saint Antoine*, reste cette assomption finale de la face du Christ dans le disque du soleil : il montre que toute croyance sincère suffit à mettre entre parenthèses les laideurs et les obscurités du monde. Et, d'une certaine manière, il nous faut donc imaginer Antoine heureux, puisqu'il réussit à « escamoter la vie » derrière son rêve obstiné.

b. La matrice de toute l'œuvre

Si le jeune homme, en 1845, a éprouvé un tel choc devant le tableau de Breughel, et s'il a obstinément remis son ouvrage sur le métier pendant toute sa vie d'écrivain, c'est bien parce qu'il a reconnu dans cette scène **toute sa conception du monde**, et dans la situation d'Antoine **tout le drame de la vie humaine,**

écartelée entre la « vie externe » et la « vie interne », bref ce qui deviendra l'axe central de toutes ses œuvres.
Mieux encore. À travers les trois versions de cette pièce inclassable, au confluent entre tous les genres et les catégories esthétiques, il est possible de retrouver, bien visibles, les originalités essentielles du roman flaubertien : le goût des tableaux successifs et des décors, qui découpe dans une temporalité indécise quelques scènes fortes ; la passion de l'encyclopédisme critique, seul capable de garantir à la fois la densité et l'exactitude ; l'éclairage essentiel sur la psychologie d'un personnage privilégié (« Observer partout une gradation psychologique » dit le folio 64), et sur ses difficultés à concilier ses croyances et sa vie ; enfin le refus des dogmes et des certitudes étroites.
Le bovarysme, nous l'avons vu, s'appuyait sur une vision fausse de la réalité, et sur la quête vaine de cet idéal trompeur. Après le **bovarysme amoureux** (celui d'Emma), après le **bovarysme politique** (par exemple celui de Sénécal, qui chaque soir « cherchait dans les livres de quoi justifier ses rêves », II, II), *Saint Antoine* met en scène une sorte de **bovarysme religieux**, dans une couleur moins tragique, mais qui nous montre bien la lutte éternelle à mener pour concilier, une fois encore, les plaisirs de la sensualité et la volupté du mysticisme.

Pendant l'été 1875, la ruine des Commanville est devenue inévitable. Flaubert, « le cerveau broyé », abandonne *Bouvard et Pécuchet* dont il n'a écrit que deux chapitres. « Plus paresseux qu'un vieux singe et triste comme un cercueil », il accepte d'aller passer deux mois à Concarneau, « sans papier, ni plumes » : ce « remède héroïque » est, de manière imprévue, directement à l'origine des *Trois Contes*.

1. UNE DIVERSITÉ FRAPPANTE

A. UN PROJET EN TROIS TEMPS

a. *Saint Julien* (septembre 1875-février 1876)

Car, malgré ses résolutions de « repos absolu », Flaubert reprend, dès la première semaine de séjour (fin septembre) un projet vieux de vingt ans, *La Légende de saint Julien l'Hospitalier*. Commencée au début d'octobre, la rédaction se poursuit dès le mois suivant à Paris, par besoin de documentation. Le 12 février 1876, la « petite bêtise moyenâgeuse » est presque complètement achevée.

Résumé du conte

L'œuvre évoque le destin de Julien, jeune noble vivant au Moyen Âge, saisi d'une rage de tuer qui fait de lui un impitoyable chasseur. Épouvanté par la prophétie d'un cerf lui annonçant qu'il tuera son père et sa mère, Julien s'enfuit, devient aventurier et épouse la fille de l'empereur d'Occitanie. Toutes ces précautions n'empêcheront pas le jeune homme d'assassiner involontairement ses parents. Désespéré, il s'installe dans un lieu horrible et dans une existence misérable vouée entièrement au service des autres ; mais il connaîtra une assomption glorieuse, dans les bras de Notre-Seigneur, qui vient sous la forme d'un lépreux tenter sa charité.

b. *Un cœur simple* (mars-août 1876)

Et Flaubert se lance immédiatement dans un autre conte, « de manière à avoir un petit volume à publier cet automne ». Commencée à la mi-mars, l'écriture prend un peu de retard, pour s'achever le 17 août.

Résumé du conte

L'œuvre évoque l'existence d'une pauvre servante de Pont-l'Évêque, Félicité, au service de sa maîtresse, Madame Aubain. Trahie par son amoureux Théodore (I), elle se dévoue entièrement à son travail, aux enfants de sa maîtresse, Paul et Virginie, puis à son neveu Victor. Le départ des enfants, la mort de Victor, puis celle de Virginie, laissent Félicité désemparée et seule, mais elle n'en devient que plus charitable.

L'arrivée du perroquet Loulou dans la maison va transformer sa vie : elle lui voue une vraie passion, puis un vrai culte après l'avoir fait empailler après sa mort. Malgré sa misère et sa solitude, Félicité va connaître une vieillesse paisible et une mort heureuse.

c. *Hérodias* (août 1876-janvier 1877)

Mais, depuis quelques mois déjà, l'idée d'un troisième conte faisait son chemin, puisque dès le 20 avril Flaubert écrivait : « La vacherie d'Hérode pour Hérodias m'excite » (être vache, c'est être mou, faible). La rédaction, qui exige de fortes lectures préparatoires, n'est pas encore commencée à la fin du mois d'octobre : elle va durer trois mois, jusqu'au 28 janvier 1877.

Résumé du conte

L'œuvre raconte une journée décisive dans la vie d'Hérode Antipas, au Ier siècle après Jésus-Christ. Le Tétrarque de Galilée est inquiet : menaces d'invasion, intrigues menées par son épouse Hérodias, troubles entre les sectes. Il garde au cachot le prophète et agitateur saint Jean-Baptiste, mais voudrait épargner sa vie. L'arrivée du proconsul romain Vitellius va précipiter les événements. En effet Hérodias voue à saint Jean-Baptiste une haine féroce, et elle va utiliser la beauté et la grâce de sa fille Salomé, au cours du banquet, pour obtenir du Tétrarque le supplice du prophète, qui est décapité.

À la fin d'avril 1877, Flaubert a déjà repris son « grand bouquin », *Bouvard et Pécuchet*, et ses trois « historiettes » ont déjà été publiées (séparément en revue, ensemble en volume). Cette parenthèse de dix-huit mois a donc permis au romancier de retrouver son goût pour « la sacro-sainte littérature ».

B. DES ŒUVRES TRÈS DIFFÉRENTES

a. Des zones séparées

Les trois œuvres appartiennent par conséquent à des zones de conception différentes dans l'évolution de Flaubert.

● La cellule initiale d'*Un cœur simple* est très ancienne (1850), et nous ramène à la vieille fille du « roman flamand » devenu *Madame Bovary*. Curieusement, Félicité suit exactement le chemin inverse, puisqu'elle était dans les avant-textes une fraîche jeune fille aux yeux bleus, ayant « l'air d'une dame ». Elle porte d'ailleurs (comme sa sœur Nastasie) le prénom d'une bonne d'Emma… très attirée déjà, elle aussi, par un Théodore. Mais ce conte normand est irrigué fortement par les notes pour *Bouvard et Pécuchet*, et bien entendu par les origines normandes de l'auteur.

● La première idée de *Saint Julien* date de juin 1856, au moment des lectures nécessaires à la reprise de *Saint Antoine*. Mais l'on sait que le jeune Gustave connaît très tôt, par un de ses professeurs (Hyacinthe Langlois, dont il utilisera les publications), le vitrail de la cathédrale de Rouen – qui figurait d'ailleurs dans un passage supprimé de *Madame Bovary*. L'image appartient donc à une époque très ancienne.

● *Hérodias* appartient à une zone beaucoup plus tardive, puisque la première allusion vient du *Carnet 16*, au milieu de notes prises pour *Saint Antoine* (autour de 1870). La documentation de *Salammbô* et de la *Tentation* sera réutilisée, à côté d'immenses lectures (la Bible, Flavius Josèphe, Tacite, Ernest Renan, etc.) et des notes personnelles prises pendant le voyage en Orient.

b. Des univers différents

Les structures principales et les thèmes essentiels semblent si éloignés qu'il est facile de mettre en évidence quelques différences voyantes.

Tableau 4

	Un cœur simple	***Saint Julien***	***Hérodias***
Nbre de parties	5 parties	2 parties	3 parties
Époque	XIXe siècle	Moyen Âge	Ier siècle avant J.-C.
Lieux	Normandie	Europe	Moyen-Orient

	Un cœur simple	*Saint Julien*	*Hérodias*
Temps du récit	50 ans	indéterminé (vie de saint Julien)	24 heures
Héros	une servante	un saint	un prophète
Personnages	des petits bourgeois	des nobles	une cour royale
Genre dominant	récit « réaliste »	récit légendaire	pièce de théâtre
Sujet central	une vie obscure	une fatalité œdipienne	une tragédie

c. Des contrastes étudiés

Mais nous savons que seul *Saint Julien* a été conçu et écrit comme une œuvre autonome. Dès les premières pages d'*Un cœur simple*, Flaubert élabore consciemment, à partir de son premier conte, un recueil ternaire : les contrastes éclatants constituent, de toute évidence, des « parallélismes » volontaires et significatifs.

L'ordre de présentation choisi (qui n'est pas celui de l'écriture) est un indice important, et le tableau ci-dessus permet déjà de voir apparaître de nombreux éléments de cohérence. Au-delà des différences, l'unité profonde des *Trois Contes* est donc incontestable.

2. UNE UNITÉ PROFONDE

A. TROIS CONTES

a. Les dénominations successives

Flaubert emploie indifféremment *conte, nouvelle* ou *historiette* pour ses deux premières œuvres – et même, une fois, « petite historiette (religioso-pohêtique et moyenâgeusement rococo) ». Le premier titre (*Histoire d'un cœur simple*) va être réduit, le mot *légende* restant dans le deuxième. Les hésitations sur le troisième (*Iaokanann*, *La Décollation de saint Jean-Baptiste*) ne font jamais référence à un genre précis.

b. Un même statut

Le statut des trois œuvres, au départ, n'est pas de même nature. *Un cœur simple*, en effet, est une fiction entièrement imaginée par Flaubert. Mais *Saint Julien* affirme suivre « à peu près » le vitrail de Rouen, et *Hérodias* s'inscrit clairement dans la tradition biblique, avec la fameuse danse de Salomé : dans ces deux derniers cas, il s'agit en quelque sorte d'un exercice imposé, d'après un canevas déjà connu.

Mais le titre général fait de chaque texte un *Conte*. Malgré les connotations déjà multiples de ce mot à la fin du XIXe siècle, on sait que la grande référence de Flaubert dans ce domaine reste « les *Contes* de M. de Voltaire », qu'il relit justement à Concarneau, en octobre 1875, « pour la millième fois » : comme le dit l'Ingénu, ces œuvres sont les « fables des philosophes », avec le mélange du merveilleux (dans la fiction) et de la vérité (dans la satire et la vision du monde). Nous retrouverons ces aspects, bien sûr, dans le recueil de Flaubert.

B. UNE THÉMATIQUE COMMUNE

Les critiques s'accordent pour souligner la grande richesse des images récurrentes, d'un conte à l'autre : présence du sang et de la mort, retour des animaux, regards flamboyants, écho du préfet Antipas par rapport au sous-préfet d'*Un cœur simple*, allusions à des pays lointains, motif des oiseaux, etc. Nous nous bornerons à évoquer deux thèmes structurants.

a. Un univers impitoyable

Dans le prolongement de *Saint Julien*, l'univers des trois contes apparaît, en effet, comme particulièrement cruel.

- **La brutalité** : la puberté transforme Julien en maniaque sanguinaire, puni de sa sauvagerie par la malédiction du grand cerf, et inonde donc de sang toute la première partie de l'œuvre, jusqu'au paroxysme du double parricide. Même mélange de sexualité trouble et de meurtre dans *Hérodias*, tandis que l'histoire d'*Un cœur simple* égrène son chapelet de malheurs et de deuils. Cette brutalité est relayée par l'apparition de monstres (dans la lignée de l'Aveugle de *Madame Bovary* ou d'Hannon dans *Salammbô*) comme le Lépreux, le père Colmiche ou le jeune Aulus, ignoble de goinfrerie (dans les avant-textes, les paupières de Félicité devenaient purulentes). La vision du corps humain en est assombrie, avec quelques scènes spectaculaires.

• **Une société insensible** : la société n'est pas seulement un lieu de sadisme ou de vengeance. La servilité et la lutte autour du pouvoir (dans *Hérodias*), l'insensibilité de Madame Aubain ou du médecin militaire de Victor, l'égoïsme de Théodore, la malhonnêteté de Bourais font de la société un univers de solitude et de barbarie.

• **La « bestialité » des héros** : les trois personnages principaux se trouvent même déshumanisés, puisque Julien devient « comme les bêtes farouches », et se fait traiter de « cœur féroce » ; Iaokanann, lui, est une « bête furieuse » et un « homme effroyable », tandis que Félicité se caractérise d'abord par son « dévouement bestial ». Son état permanent apparaît même comme pire, puisqu'elle semble « une femme en bois, fonctionnant d'une manière automatique ».

b. La présence du surnaturel

Absent dans les premières pages, le surnaturel devient ensuite un élément essentiel dans chaque conte, et il semble difficile de le réduire à ce qu'on appelle le merveilleux chrétien.

• En effet, même dans *Saint Julien*, les deux prophéties initiales, puis la malédiction du cerf à barbe blanche, enfin l'assomption finale ne font que donner au texte une structure tragique. Les grandes forêts sombres, la double chasse et le « carnage » des cerfs dans un couchant d'apocalypse (« Le ciel était rouge comme une nappe de sang »), les enchantements de la jeune épouse et du palais devant la Méditerranée, le désespoir d'un homme qui se sent maudit, la scène d'union physique avec le Lépreux dessinent **un surnaturel complexe, mélange de fatalité antique, de conte de fées et de légende romantique.**

• *Un cœur simple* offre, par définition, un cas de figure bien différent. Félicité, naïve et inculte, avec son « intelligence bornée » et sa surdité grandissante, vit dans une irréalité de plus en plus complète. « Pour de pareilles âmes le surnaturel était tout simple », écrit le narrateur après la mort de Virginie. L'imaginaire du personnage va donc complètement occulter la grisaille du monde réel, avant la « fin splendide » que l'écrivain a toujours voulu lui donner.

• Malgré les querelles religieuses, les superstitions déclarées, la magie de Phanuel, et la terrible vision du bourreau Mannaëi avant l'exécution, malgré la très forte attente messianique, c'est peut-être dans *Hérodias* que le surnaturel tient la place la plus réduite.

c. Le thème de la sainteté

On voit donc comment Flaubert a construit, en deux temps, cette évocation de la religion à travers les âges.

- D'abord, à partir de *Saint Julien*, qui offre la vision canonique d'une sainteté consacrée par le vitrail et la tradition, un contraste fort avec le XIXe siècle, son catholicisme affaibli, et ses dogmes vidés de leur substance.
- Ensuite, à partir de ce parallélisme, un prolongement vers les âges farouches du christianisme, et vers la sainteté dans toute sa force primitive.

L'ordre choisi par l'auteur dans la présentation des *Trois Contes* obéit donc à un triple mouvement : depuis le triste monde moderne vers l'Antiquité ; du texte le plus simple et le plus familier à des textes plus complexes ou plus tragiques ; enfin depuis les effets vers les causes, afin de « faire rêver » le lecteur, mais aussi afin de lui permettre de comprendre.

3. UN MICROCOSME FLAUBERTIEN

A. UN EXERCICE DE VIRTUOSITÉ

a. Les époques de « décadence »

Lorsque Flaubert rêve, le 1er juin 1856, de publier l'année suivante « du Moderne, du Moyen Âge et de l'Antiquité » (dans l'ordre de présentation des *Trois Contes*), il définit exactement les époques de « décadence » qu'il va toujours prendre comme cadre de ses œuvres, parce que ces époques libèrent les individualismes et l'imaginaire, par opposition avec les sociétés trop codifiées.

Ce recueil nous offre donc successivement la couleur de moisissure que l'auteur avait voulu reproduire dans *Madame Bovary*, mais aussi la couleur pourpre qu'il voyait dans *Salammbô*, le tout traversé par les ombres et les lumières de la quête religieuse, et de *Saint Antoine*. En quelque sorte, **l'univers de Flaubert en miniature.**

b. Une fidélité très relative

D'autant plus que la liberté de Flaubert devant la tradition ou devant la légende reste grande. Sa vie de saint Julien n'a, en réalité, que peu de ressemblances avec le vitrail de Rouen : sur ce

vitrail, en effet, on ne voit jamais le héros chasser, mais on le voit en revanche épouser la veuve de son seigneur, transporter dans sa barque Dieu, puis le diable — qui essaye en vain de tenter les deux époux après leur vœu de chasteté, d'où la béatification finale. De même, la présence de Vitellius à Machéronte, pour la mort de Iaokanann, constitue un anachronisme volontaire.
La dernière phrase de *Saint Julien* ne peut donc constituer qu'un point d'orgue oratoire, qui vient encore brouiller l'énonciation, puisque Flaubert mêle ouvertement les légendes de saint Eustache (la chasse) et de saint Judicaël (l'épisode du Lépreux), de manière à mettre en scène un homme qui gagne le ciel en se mettant hors de la vie. Dans les *Trois Contes*, la philosophie de l'auteur reste donc très libre et très personnelle.

c. Un exercice de style

Par ailleurs, la brièveté de ces œuvres et la proximité des contrastes et des décalages qu'elles offrent permettent de mesurer, plus encore que dans les grands romans, la virtuosité de l'auteur.

- **La temporalité** : dans les deux « biographies développées » comme dans *Hérodias*, avec sa structure de tragédie (unité de temps, de lieu, d'action en trois actes), nous retrouvons les pauses qui ralentissent la narration, et la figent dans des descriptions ou des tableaux. Flaubert n'a donc rien eu à changer dans sa conception de la prose romanesque pour recréer l'iconographie d'*Un cœur simple*, les compartiments et les registres d'un vitrail, les scènes très dialoguées d'*Hérodias*.
- **La phrase** : la maîtrise des rythmes, avec une alternance très étudiée entre les phrases longues et les phrases courtes, est peut-être encore plus manifeste dans *Trois Contes* que dans les autres œuvres de Flaubert. De même, les suppressions nombreuses dans les derniers brouillons (suppression de connecteurs logiques, de coordinations, d'explications, etc.) donnent au style de Flaubert encore plus d'épaisseur que d'habitude, et une sorte de tension permanente entre la parataxe, les ellipses et les ruptures.

B. UNE VISION DE L'HISTOIRE

Flaubert, on le sait, déteste tous les dogmes, et souhaite leur disparition prochaine. Cependant, à travers trois étapes significatives, il exprime clairement l'idée d'une dégénérescence progressive dans le catholicisme, et la nostalgie de « ce qui (l')attire par dessus tout », c'est-à-dire la religion.

a. *Hérodias*

« L'histoire d'Hérodias, telle que je la comprends, n'a aucun rapport avec la religion [...] Tout était dominé par les races. » Comme dans les cultes syriens, et comme dans les avant-textes, le principe mâle est dominé par le principe femelle (et donc Hérode par sa femme). Le Tétrarque voudrait protéger Iaokanann, car il rêve d'une alliance politique avec lui, mais il ne pourra, à cause d'une messaline vieillissante, empêcher le martyre du prophète, au milieu des haines et des bavardages engendrés par des sectes intolérantes. Nous sommes bien en pleine décadence, et dans le « faisandage moral » cher à l'écrivain.

b. *Saint Julien*

La vision romantique du saint, la division du conte en deux parties symétriques, le décor flamboyant des guerres contre les Musulmans, la force de la malédiction divine, les terribles épreuves que le héros s'impose à lui-même, tout dans le cadre et dans l'intrigue met en scène une religion dominatrice et exigeante. Il faut noter la disparition du style indirect libre, d'où un plus grand recul par rapport à des personnages ainsi tenus à distance.

c. *Un cœur simple*

L'ignorance de Félicité la met en marge de son siècle, et les événements historiques ont presque complètement disparu du conte (seule, la révolution de 1830 arrive comme un écho affaibli, en amenant Loulou à Pont-l'Évêque). Et pourtant elle symbolise, par « la bonté de son cœur », et avec son amour pour les agneaux, pour les colombes et pour les enfants, le culte marial qui a coloré toute la foi catholique dans le courant du XIXe siècle.
Les *Trois Contes* expriment donc bien **une vision de l'Histoire et de la Religion** : une vision assez proche des idées défendues par Ernest Renan (1823-1892, auteur de *La Vie de Jésus* et de *L'Avenir de la Science*), que Flaubert connaît bien et admire, avec une symbolique historique venue d'ouvrages déjà utilisés pour *Salammbô* et pour *Saint Antoine* (surtout *Religions de l'Antiquité considérées principalement dans leurs formes symboliques et mythologiques*, de Frédéric Creuzer.

C. LA VÉRITÉ DE L'ILLUSION

a. Le cas de Félicité

Il n'est donc sans doute pas nécessaire de se demander si Félicité est une vraie sainte ou une malheureuse illuminée, puisque la vérité se trouve dans les « rapports », et non dans la réalité des choses. Et, malgré les précautions énonciatives, qui ne font que souligner ces « rapports » (la ressemblance du perroquet avec le Saint-Esprit « lui parut encore plus manifeste » – « elle crut voir, dans les cieux entrouverts... »), il faut absolument croire l'auteur lorsqu'il écrit : « Cela n'est absolument pas ironique comme vous le supposez, mais au contraire très sérieux et très triste. »

b. L'apothéose finale

Car la mort de Félicité (plus encore que celle de Charles Bovary) est **une véritable apothéose du cœur et de l'esprit**, dans une « sensualité mystique » qui représente la communion la plus rare, et la récompense suprême. L'assomption finale de Julien mêle de façon aussi évidente la volupté physique à l'extase spirituelle ; et, dans *Hérodias*, le « ravissement » de Phanuel et l'accomplissement de l'oracle donnent à la mort du prophète une grande force symbolique.

c. La « religion »

Certes, dans *Trois Contes*, les voies de Dieu paraissent assez tortueuses, et la sainteté des trois héros quelque peu paradoxale. Mais ils ont su tous les trois, du moins, s'écarter complètement de la vie pratique et de la société ; ils ont su également se créer un imaginaire riche et fort, capable de rendre la vie quotidienne moins désespérante. C'est là, bien sûr, toute la « religion » de Flaubert ; et peut-être, comme l'amour « malheureux », cette religion doit-elle en quelque sorte être contrariée pour s'épanouir vraiment. On mesure le chemin parcouru depuis Emma Bovary, qui s'épuisait à chercher dans la réalité ce qui n'y était pas, rendant ainsi cette réalité encore plus insupportable. Félicité, elle – la bien nommée, malgré son éternelle misère –, sait voir dans le réel ce qui n'y est sans doute pas, ce qui rend sa vie douce et sa mort heureuse.

Flaubert n'a jamais mis ses trois « historiettes » sur le même plan que ses grands romans, ce qui constitue peut-être une erreur. Car les *Trois Contes* nous offrent des textes forts et denses, qui portent la griffe d'un auteur parvenu au sommet de son art, et rendu encore plus amoureux de l'absolu par l'écroulement de son pays, et par la disparition de ses derniers proches.

BOUVARD ET PÉCUCHET : LES STRUCTURES DE L'ŒUVRE

À la fin de juillet 1873, Flaubert annonce à Tourgueniev qu'il « commence enfin *Bouvard et Pécuchet* [...] Il me semble que je vais m'embarquer pour un très grand voyage, vers des régions inconnues, et que je n'en reviendrai pas ». Ces réflexions, bien sûr, apparaissent aujourd'hui comme prémonitoires, après la mort soudaine de l'écrivain, le 8 mai 1880, alors que le dernier chapitre du roman n'est qu'à moitié rédigé.

1. UNE ŒUVRE INACHEVÉE

En réalité, ce projet est très ancien, mais il a été maintes fois différé ou interrompu.

A. DEUX « VIEILLES IDÉES »

a. Les premiers projets

• *Le Dictionnaire des idées reçues* trouve son origine dans une lettre envoyée de Damas en septembre 1850 : « ce serait peut-être une œuvre étrange et capable de réussir, car elle serait toute d'actualité ».

• **Le projet de roman** trouve sa source dans une nouvelle de six pages, *Les deux Greffiers*, écrite par Barthélemy Maurice et publiée en 1858. En 1863, Flaubert se déclare « attiré par l'histoire de (ses) cloportes », dont il vient de remanier le plan. C'est, dit-il, une « vieille idée », expression déjà employée en 1852 pour le *Dictionnaire des idées reçues*. Dans ce canevas, les tribulations des deux héros, Dumolard et Pécuchet, ne servent que d'introduction à leur « copie ».

b. Le changement décisif

Le moment essentiel semble se placer en août 1872, quand, de manière significative, l'*Histoire de deux cloportes* devient l'*Histoire de deux bonshommes*. Dès le scénario I, en effet, les personnages ont changé de nature. De plus, le nouveau plan en trois parties (la rencontre – la vie à la campagne – la copie) montre bien que désormais le rapport entre le *Dictionnaire des idées reçues* et le roman s'est inversé, et que ce dernier constitue désormais le centre de l'œuvre. Les deux « vieilles idées » se sont enfin combinées.

L'œuvre aurait d'ailleurs dû être terminée bien avant 1880, si des contretemps nombreux et variés n'avaient retardé ou interrompu le travail d'écriture.

B. UN PROBLÈME COMPLEXE

Le roman n'est donc pas terminé, mais surtout le second volume (la « copie ») était encore à organiser, ce qui doit nous rendre prudents dans nos conjectures.

a. Le chapitre X

Le chapitre X, que nous appelons le dernier chapitre, devait seulement clore le premier volume, et sa portée se trouve donc mutilée dans une œuvre qui « n'aura de signification que par son ensemble », prédit l'auteur en octobre 1877. Mais il pose peu de problèmes par lui-même, car treize scénarios nous retracent son déroulement complet.

b. Le second volume

En revanche, nos idées sont plus floues sur le second volume. Le 25 janvier 1880, le romancier est optimiste : « Enfin, je commence mon dernier chapitre. Quand il sera fini, j'irai à Paris pour le second volume qui ne me demandera pas plus de six mois. Il est fait aux trois quarts et ne sera presque composé que de citations. » La suite du roman était donc bien plus nette dans l'esprit de l'auteur que dans les huit dossiers informes qu'il avait accumulés en un quart de siècle. D'après Maupassant, Flaubert devait revoir sa « classification première, la modifier, supprimer au moins la moitié de cet amas de documents ».

Les scénarios (en particulier le folio 67) peuvent tout de même nous renseigner sur l'organisation générale dans ce second volume, et sur l'intrigue qui devait encadrer les documents copiés par Bouvard et Pécuchet.

Le passage de la simple copie au classement, puis à des parallèles, enfin aux annotations et au *Dictionnaire des idées reçues*, demande **des qualités de plus en plus grandes** aux « copistes », et les rapproche de plus en plus du travail d'un véritable écrivain.

2. UN « INFERNAL BOUQUIN »

L'ambition de *Bouvard et Pécuchet* dépassait largement celle des romans précédents (1 500 ouvrages consultés pour ce roman), et les gémissements de Flaubert contre son « **infernal bouquin** », contre cette « **entreprise écrasante et espovantable** » (car, écrit-il, « il faut être archi-fou pour vouloir mettre l'océan dans une bouteille ») se font encore plus forts que de coutume.

A. LES STRUCTURES ESSENTIELLES

En évoquant son ouvrage, Flaubert parle plusieurs fois d'une « revue », terme que reprendra Maupassant.

a. Une « revue »

- Le passage d'un plan primitif en trois parties à « une série complète d'expériences » et à **une succession de chapitres thématiques** indique nettement la structure principale du premier volume. Les deux personnages principaux restent constamment en scène (comme dans une revue de théâtre, ou dans un conte philosophique), les autres personnages apparaissent et disparaissent à tour de rôle.
- **Les articulations** : pour limiter ce déséquilibre, et pour donner plus de cohérence interne, Flaubert travaille constamment sur les transitions entre les chapitres, reliés par des axes ou des objets qui accentuent le mouvement général (ainsi, par exemple, le bahut Renaissance, acheté à la fin du chapitre III, cassé à la fin du chapitre IV, etc.), et sur les thèmes récurrents qui structurent l'intrigue (la ruine progressive des deux amis, puisque madame Bordin convoite la ferme à la fin du chapitre V et l'achète au chapitre IX, ou bien les femmes et la politique qui rythment les relations avec les habitants de Chavignolles).

b. Le résumé du roman

Deux petits employés parisiens proches de la cinquantaine, Bouvard et Pécuchet, se rencontrent par hasard et deviennent amis. Un héritage soudain, fait par Bouvard, permet aux deux hommes de réaliser leur rêve : se retirer à la campagne. Ils achètent donc un domaine à Chavignolles, en Normandie, et essayent de mettre en pratique les nouvelles théories de leur époque (chapitre I).

Mais chaque expérience va apporter son lot de déceptions, selon le schéma suivant. Il faut cependant signaler que le tableau ci-dessous, assez sommaire, cache parfois des enchaînements complexes, par exemple dans le chapitre VIII, où l'on passe de

la gymnastique aux tables tournantes, puis au magnétisme, au spiritisme, à la baguette divinatoire, à l'hypnotisme, à la métaphysique, à la philosophie, et enfin, après la tentative de suicide, à l'apaisement de la religion !
Finalement, les deux amis vont abandonner tout espoir de changer le monde, et trouver enfin le calme et le bonheur dans la « copie », en collectionnant et en commentant tous les échantillons qu'ils rencontrent de la sottise humaine.

Tableau 5

Chapitre I	Rencontre de Bouvard et Pécuchet L'héritage de Bouvard	Excursions parisiennes Achat de la ferme
Chapitre II	Agriculture et jardinage	Incendie des meubles Grêle Explosion de l'alambic
Chapitre III	Sciences et médecine	Achat du bahut Renaissance Engagement de Mélie et de Gorju
Chapitre IV	Archéologie et histoire	L'histoire du duc d'Angoulême le bahut cassé / renvoi de Germaine
Chapitre V	Littérature	Romans historiques, théâtre, critique Jaunisse de Pécuchet
Chapitre VI	Politique	Révolution de 1848 Coup d'État de 1851
Chapitre VII	Amour	Maladie vénérienne de Pécuchet Échec du mariage de Bouvard
Chapitre VIII	Philosophie	Suicide manqué
Chapitre IX	Religion	Esclandre au château Adoption des deux enfants
Chapitre X	Socialisme et éducation	Échec dans l'éducation des enfants Scandale de la conférence

c. Les parallélismes

De même, les « parallélismes » (on sait que pour Flaubert il s'agit le plus souvent d'oppositions) sont constamment visibles, en particulier dans l'organisation des personnages.

• **Bouvard et Pécuchet** : dès la première rencontre, Flaubert accumule les différences entre les deux personnages : physique, tempéraments, caractères, goûts, tout les oppose. « Contraste et pourtant ils se ressemblent », annonce le plan primitif. Car « ils se complètent mutuellement » et forment « un seul être en partie double ». L'amitié entre eux est bien différente de celle qui lie Frédéric à Deslauriers dans *L'Éducation sentimentale*. C'est en effet une nouvelle naissance, qui conduit, à travers des divergences fortes mais éphémères, à une communion de plus en plus étroite.

• **Les personnages secondaires** : on n'aperçoit de Chavignolles que quelques silhouettes symboliques : le maire, le châtelain local, le médecin, l'aubergiste, Madame Bordin et Mélie, Gorju, le curé, Germaine la vieille bonne, etc. Le comte de Faverges, par exemple, est ainsi annoncé dans les scénarios : « M. de xxx, gentilhomme légitimiste et agronome, ami du progrès et catholique » (folio 11), et son portrait, au chapitre II, tient moins de trois lignes. Vus de l'extérieur, tous ces personnages sont là pour incarner des types sociaux ou humains, ce qui les prive volontairement de complexité et de profondeur. Ils se regroupent, à l'occasion, dans un véritable chœur pour conspuer Bouvard et Pécuchet, ou peuvent également s'opposer en couples antithétiques (le curé contre le maître d'école, Gorju contre le maire, etc.).

Au-delà de tous les contrastes, multipliés comme à plaisir, la rencontre du boulevard Bourdon met en présence deux « excentriques » rapprochés non seulement par leur métier, mais par « une certaine inquiétude » native (folio 33). Les structures du roman ne prennent leur sens qu'en fonction des deux personnages principaux, et c'est bien dans leur évolution qu'il faut chercher le sens et la portée de l'œuvre.

14 BOUVARD ET PÉCUCHET : LA PORTÉE DE L'ŒUVRE

A. L'ITINÉRAIRE DES DEUX BONSHOMMES

a. La rencontre

Dès le chapitre I, « leur cœur jusque-là comprimé se dilate », et « par le seul fait de leur contact ils se développent » (plan primitif). Leur vie change donc nettement : « Ils s'informaient des découvertes, lisaient les prospectus, et, par cette curiosité, leur intelligence se développa. Au fond d'un horizon plus lointain chaque jour, ils apercevaient des choses à la fois confuses et merveilleuses (...) Et ayant plus d'idées, ils eurent plus de souffrances ». L'amitié déclenche donc une véritable réaction chimique, qui transforme complètement les deux bonshommes.

b. La quête

Flaubert a plusieurs fois modifié l'ordre des chapitres, pour donner plus de logique à la quête des deux personnages, et l'on peut retrouver dans le mouvement général, au-delà des déceptions ou des échecs (inévitables pour l'auteur quand on se mêle de la « vie pratique »), quelques axes forts.

- **Du concret à l'abstrait** : en commençant par l'agriculture et la chimie, en continuant par la politique et l'amour, pour terminer par la religion et par l'éducation humanitaire, Bouvard et Pécuchet se montrent de moins en moins « actifs », et privilégient de plus en plus la « vie interne », selon des principes chers à Flaubert.
- **Des effets vers les causes** : si Bouvard et Pécuchet, après l'explosion de l'alambic, se mettent à étudier la chimie, ou bien s'ils veulent apprendre l'astronomie devant le spectacle d'une nuit d'été, c'est pour mieux comprendre le monde et pour élargir leurs connaissances. Dans sa démarche générale, cette remontée des effets vers les causes est relativement logique.
- **De la naïveté vers le scepticisme** : la courbe sinusoïdale qui va de l'enthousiasme à la désillusion, dans chaque chapitre, ne ramène jamais les deux compères à leur point de départ. Ces derniers remettent en question des certitudes et des croyances, ils vérifient la fausseté des grandes idées en honneur dans leur Société, et parviennent même à la consécration suprême : la haine que leur vouent les imbéciles et les bourgeois.

c. La supériorité des deux bonshommes

Il serait donc bien injuste de ne voir en Bouvard et en Pécuchet que deux maladroits masochistes et grands collectionneurs de catastrophes (sort qu'ils pourraient partager avec Candide ou avec Don Quichotte). Qu'on se reporte, par exemple, au chapitre VIII, au moment où l'hostilité de Chavignolles se déchaîne contre eux : « L'évidence de leur supériorité blessait (...) Alors une faculté pitoyable se développa dans leur esprit, celle de voir la bêtise et de ne plus la tolérer.

Des choses insignifiantes les attristaient : les réclames des journaux, le profil d'un bourgeois, une sotte réflexion entendue par hasard ».

Pour vérifier cette « supériorité », il suffit de relever les aphorismes énoncés par Pécuchet, et qui viennent directement de l'auteur : par exemple, le « Peut-être qu'il n'y a pas de but » (chapitre III), comme un écho assourdi de la Révélation faite par le diable à saint Antoine, ou la réflexion devant Marcel, l'infirme à moitié idiot, plongé dans l'extase de la prière : « L'objet d'un raisonnement a moins de valeur que la manière de raisonner. Qu'importe la croyance ! Le principal est de croire » (fin du chapitre IX). Phrase qui permet sans doute, à elle seule, de saisir toute la grandeur de Félicité dans *Un cœur simple*, et même celle de Charles Bovary.

Le « scepticisme radical » (folio 49) qui conduit les deux penseurs à regarder la réalité comme « une illusion, un mauvais rêve » (fin du chapitre VIII), puis à mettre ce monde entre parenthèses à travers la « copie », se rapproche, bien sûr, des principes qui régissent la vie et l'œuvre de Flaubert à Croisset.

Mais il ne suffit pas de constater cette supériorité sur les bourgeois de Chavignolles (Madame Bordin est « **une crapule** », note un scénario, mais elle n'est pas la seule) pour comprendre la portée du roman et du jeu de massacre orchestré par l'auteur.

B. LE « DÉFAUT DE MÉTHODE »

Le 16 décembre 1879, Flaubert présente son livre en disant : « Le sous-titre serait : "Du défaut de méthode dans les sciences". Bref, j'ai la prétention de faire une revue de toutes les idées modernes. » Le dernier terme, dans cette citation, n'est pas le moins important.

a. Les différentes sciences

• **Les erreurs** : certes, Bouvard et Pécuchet, éternels novices, commettent des erreurs innombrables, que l'auteur puise dans des listes préparées (Fautes de jardinage, agricoles, etc.). C'est Bouvard qui provoque, par exemple, l'explosion de l'alambic, Pécuchet qui massacre les poiriers en essayant de les tailler. « **Tous leurs déboires en agriculture** viennent de ce qu'ils veulent appliquer à un terrain qui ne le comporte pas la **culture intensive** », note le folio 50.

• **Les contradictions** : mais, en dehors d'autres causes (la malhonnêteté du fermier et des gens du village, les caprices du temps et les ravages de la grêle), le refrain permanent reste celui des contradictions entre les manuels et entre les systèmes, qui paralysent les deux néophytes : ils ont beau, à chaque fois, prendre des voies différentes, ils vont tous deux à l'impasse ou à l'échec !

Le sous-titre indiqué par Flaubert ne signifie donc pas que les deux bonshommes manquent de méthode dans leur approche des sciences, mais que leurs maladresses doivent révéler, aux yeux du lecteur, la fragilité de certaines sciences, qui n'ont rien de scientifique.

b. Une « revue des idées modernes »

Et si le roman ne prend pour cibles que quelques sciences (Flaubert ne parle ni de l'arithmétique, ni de la géométrie), **c'est qu'il s'agit des « idées modernes », celles qui sont en vogue au XIXe siècle.** La continuité entre le premier et le second volume devient alors évidente.

• **L'axe central** : car la simple liste des rubriques prévues pour la « copie » des deux bonshommes, dans le folio 63, montre que la cible était exactement la même : les certitudes contradictoires, qui s'annulent réciproquement et prouvent par là même la vanité et l'immense faiblesse de l'homme.

Dans son premier projet de *Dictionnaire des idées reçues*, en 1850, Flaubert rêvait de s'en prendre **à « toutes ces déplorables utopies qui agitent notre société et menacent de la couvrir de ruines »**. Trente ans plus tard (même si la satire a maintenant irrigué le roman), il s'agit toujours de faire voler en éclats les grandes illusions de l'époque, celle du Progrès scientifique ou moral, celle du Salut de l'homme par la technique ou par l'éducation, celle de la grande Fraternité entre les classes et les peuples.

- **La « bêtise »** : lorsque Bouvard et Pécuchet se font huer et menacer de prison, en effet, ce qui les conduit à « voir la bêtise et à ne plus la tolérer », quel est donc en effet leur crime ? « Ils mettaient en doute la probité des hommes, la chasteté des femmes, l'intelligence du gouvernement, le bon sens du peuple, enfin sapaient les bases. » Bref, ils font le *Dictionnaire des idées reçues*, et ils osent dire la vérité à leurs contemporains.

La *Correspondance*, dans laquelle **« la bêtise consiste à vouloir conclure »**, nous renseigne sur le sens du mot pour Flaubert. La bêtise, c'est d'abord la **fossilisation de la pensée et de l'expression**, qui conduit aux fausses certitudes et aux phrases toutes faites, qui amène les hommes à parler comme des perroquets et à se conduire comme des moutons.

C. LE DÉNOUEMENT

La conclusion du roman ne nous présente donc plus, comme dans le premier projet, deux « cloportes » en train de copier mécaniquement, mais deux hommes qui ont su s'affranchir de la tyrannie du monde, et même dominer ce monde en mettant en évidence ses ridicules.

a. Le « dossier »

La « copie » du second volume se serait alors développée dans une symétrie parfaite par rapport au roman : en donnant forme, peu à peu, à une informe masse de documents disparates, *Bouvard et Pécuchet* **passent du statut de victimes à celui de témoins ironiques et lucides, démiurges du seul cosmos possible sur cette terre** : un texte capable à la fois de rendre compte de la nature chaotique du monde réel et de rendre la vue à des contemporains aveuglés par toutes sortes de miroirs aux alouettes.

D'ailleurs, le second volume se serait sans doute terminé par une copie dans la copie, en quelque sorte : la découverte d'une lettre, écrite par le docteur Vaucorbeil au préfet, et décrivant les aventures des deux « imbéciles inoffensifs » de Chavignolles. Elle aurait été, bien entendu, copiée à son tour dans le « monument », et le scénario précise : « En résumant tout ce qu'ils ont fait, toutes les actions et pensées, elle doit pour le lecteur être la critique du roman. » Extraordinaire mise en abîme réciproque, avec cette clôture qui aurait amené les deux volumes à se refléter exactement l'un dans l'autre.

b. La contrepartie de *Saint Antoine*

On comprend donc pour quelles raisons, dès juillet 1872, Flaubert présente *Bouvard et Pécuchet* **comme « un roman moderne faisant la contrepartie de *Saint Antoine* »**, à tel point qu'il songe même, vers cette époque, à différer la publication de *Saint Antoine* pour que les deux œuvres paraissent en même temps.

D'un côté, le défilé des tentations qui abusent l'ermite, le spectacle de toutes les religions et de toutes les absurdités qui ont abusé les hommes depuis les origines. De l'autre, deux hommes ordinaires parviennent, au prix d'efforts extraordinaires, à percer le mur épais des fausses apparences. Mais, dans les deux cas, **une « revue » des erreurs les plus dangereuses** (anciennes ou modernes), une adresse claire au lecteur pour qu'il cesse de prendre de simples vessies pour de véritables lanternes magiques, et qu'il admette l'impossibilité absolue pour l'homme de parvenir à la moindre parcelle de vérité.

Flaubert se désolait **d'« avoir à faire rire avec la théorie des idées innées »**, et a toujours voulu, dans les deux volumes, faire une œuvre « comique ». Mais cette « farce » vient directement des grands maîtres dont l'œuvre le fascinait, Shakespeare, Rabelais, Molière, Cervantès, le Voltaire des *Contes*. Ce comique ne constitue donc pas une disqualification directe des deux aventuriers brûlés par leur « soif de vérité », mais un moyen de faire comprendre au lecteur qu'en riant du personnage il rit d'abord de lui-même, et de ses propres infirmités.

Le romancier, dans une confidence au romancier Henri Céard, voyait en *Bouvard et Pécuchet* « le couronnement de son œuvre entière ». Car cette fois le livre ne dénonce pas seulement les ravages des idées reçues dans un domaine particulier, celui de l'Amour, de la Politique ou de la Religion. Ce « roman philosophique », et ces deux bonshommes « qui copient une sorte d'encyclopédie critique en farce », selon les expressions de l'écrivain, dénoncent **une sorte de bovarysme universel, et sonnent en quelque sorte le glas de l'humanisme et de ses espérances,** un siècle après l'*Encyclopédie* des Philosophes.

L'œuvre de Flaubert n'a jamais connu, de toute évidence, le fameux purgatoire promis à tous les grands créateurs. Et, depuis le milieu du XIXe siècle jusqu'à nos jours, la sédimentation des analyses et des commentaires a été si abondante et si régulière, avec quelques moments de véritable frénésie, qu'elle dessine la totalité de la critique littéraire et de son évolution depuis le milieu du XIXe siècle : il n'était donc possible ni d'en retracer ici toutes les étapes, ni même d'en donner les textes essentiels.
Pour essayer de mieux préciser le rôle joué par l'écrivain dans l'évolution du roman français, nous reviendrons cependant sur trois moments symboliques, dans ce débat toujours recommencé : l'âge du Naturalisme triomphant, à la fin du siècle dernier ; le dialogue entre Proust et Thibaudet, au début de notre siècle ; enfin l'arrivée du Nouveau Roman, à partir de 1955.

1. TROIS VISAGES DE FLAUBERT

A. LE RÔLE DE ZOLA

a. *Les Romanciers naturalistes*

Dès la publication de *Madame Bovary*, Flaubert a été associé au Réalisme en train de naître, malgré ses protestations : pour lui, en effet, le Naturalisme a toujours été un mot « vide de sens » et le Réalisme « une ineptie du même calibre ». Pourtant, c'est bien la parution des *Romanciers naturalistes* (1884) qui va consacrer la dimension « réaliste » de Flaubert, au moment où l'intéressé, mort depuis trois ans, ne peut plus répondre.

b. Le néoréalisme

Cette obligation de « **réalisme** » proposée ou imposée au langage romanesque va se maintenir, avec plus ou moins de force, jusqu'au milieu de notre siècle, et le nom de Flaubert va donc rester attaché à ce mouvement qu'il a toujours détesté. Roland Barthes, malgré la finesse de ses analyses dans *Le Degré zéro de l'écriture* (où il montre bien que la volonté de réalisme aboutit souvent à une sorte de préciosité) parlera encore, dans *Le Plaisir du texte*, de « **l'excès de précision, une sorte d'exactitude maniaque, une folie de description** » dans une phrase de *Bouvard et Pécuchet* pourtant privée d'adjectifs, et complètement dominée par les indéfinis : « des nappes, des draps, des serviettes pendaient verticalement, attachés par des fiches de bois à des cordes tendues » (chapitre X).

B. « UN GÉNIE GRAMMATICAL »

« La métaphore seule peut donner une sorte d'éternité au style, et il n'y a peut-être pas dans tout Flaubert une seule belle métaphore », note Marcel Proust. Cependant, il a consacré un article célèbre (« À propos du style de Flaubert » – *Nouvelle Revue française* – janvier 1920) à la gloire d'un auteur qui, d'après lui, « **a renouvelé presque autant notre vision des choses que Kant** », réagissant ainsi contre une affirmation d'Albert Thibaudet, selon laquelle Flaubert « n'est pas un grand écrivain de race ».

a. Une « syntaxe déformante »

D'où vient l'« immense nouveauté » de Flaubert ? De « l'emploi nouveau des temps des verbes, des prépositions, des adverbes, les deux derniers n'ayant presque jamais dans sa phrase qu'une valeur rythmique », affirme Marcel Proust. Ainsi « **un état qui se prolonge est indiqué par l'imparfait...** Mais souvent le passage de l'imparfait au parfait est indiqué par un participe présent, qui indique la manière dont l'action se produit, ou bien le moment où elle se produit ». Cet « éternel imparfait change entièrement l'aspect des choses et des êtres ». « La conjonction "et" n'a nullement dans Flaubert l'objet que la grammaire lui assigne. En un mot (...), "et" commence toujours une phrase secondaire et ne termine jamais une énumération ».
Dix ans avant cet article, Proust notait déjà que Flaubert était avant tout « **un génie grammatical** » et que son « originalité immense » avait pour unique source **quelques « singularités immuables d'une syntaxe déformante »**.

b. Une vision subjective

Car, s'il reste encore des scories dans *Madame Bovary*, dès *L'Éducation sentimentale*, « **la révolution est accomplie : ce qui jusqu'à Flaubert était action devient impression** ». Et cette mutation est essentielle, aux yeux de Proust, dans l'histoire du roman. Avec « **une forme qui est peut-être la plus nouvelle qu'il y ait dans toute l'histoire de la littérature française** », cet écrivain a donc transformé la narration romanesque en une succession de tableaux, avec un « rendu de la vision » qui inaugure le véritable « subjectivisme », celui dans lequel Proust se reconnaît, et dans lequel il voit la raison d'être de la littérature. Nous sommes passés exactement aux antipodes du réalisme et des critiques qui considèrent Flaubert comme « un bœuf de labour avec un carnet de notes », selon l'aimable formule de Montherlant.

C. L'INVENTEUR DE LA « MODERNITÉ »

Si Flaubert, il y a une trentaine d'années, est devenu brusquement le centre (et parfois le cobaye) d'une critique littéraire proliférante, c'est sans doute parce que Roland Barthes et Alain Robbe-Grillet ont salué sa « **modernité** », le premier dans *Le Degré zéro de l'écriture* (1953), le deuxième dans *Pour un Nouveau Roman* (en particulier dans l'article « Sur quelques notions périmées », qui date de 1957).

a. Le pivot de la modernité

Pour Barthes, en effet, c'est Flaubert qui aurait « constitué définitivement la Littérature en objet, par l'avènement d'une valeur-travail », tandis que pour Robbe-Grillet « l'univers stable, cohérent, continu, univoque, entièrement déchiffrable » du récit se fissure au milieu du siècle dernier car, « **dès Flaubert, tout commence à vaciller** ».

b. Les raisons du changement

Roland Barthes donne les raisons qui, d'après lui, ont conduit à cette métamorphose, autour de deux grandes lois historiques qui tendent à faire de ce romancier le symbole et le maître de l'anticlassicisme :

- **la « mauvaise conscience »** *sociale* : « Entre la troisième personne de Balzac et celle de Flaubert, il y a tout un monde (celui de 1848) ». La « mauvaise conscience » de l'écrivain aurait donc pour origine le massacre des ouvriers par la bourgeoisie, en juin 1848.
- **l'écriture artisanale** : Le rôle déterminant joué par Flaubert dans l'apparition de cette « valeur-travail » (aussi bien défendue par Gautier que par Valéry ou Gide), qui remplace la « valeur-génie » jusque-là en usage dans la littérature, serait une conséquence de la « mauvaise conscience » de l'écrivain bourgeois : l'écriture sera donc désormais « sauvée non pas en vertu de sa destination, mais grâce au travail qu'elle aura coûté ».

Les regards de la critique entière se sont trouvés ainsi fixés, par ces textes de Barthes, sur le même écrivain. Pendant une vingtaine d'années, les interprétations et les commentaires se sont abattus sur l'œuvre et sur l'auteur comme des vagues de sauterelles, avec une particulière densité pour le centenaire de la mort de l'écrivain, en 1980-1981.

2. L'ORIGINALITÉ DE FLAUBERT

A. FLAUBERT, UN CLASSIQUE

Mais Flaubert, on le sait, affirmait avec force que le moderne n'existe pas. Toutes ses admirations littéraires le renvoyaient vers le passé, et vers une dizaine de maîtres en compagnie desquels il a passé sa vie entière. C'est pourquoi Albert Thibaudet, en 1935, le déclarait « le seul romancier du XIXe siècle et du XXe siècle qui, à la manière d'un La Bruyère, mérite que l'on pose à son sujet, pleinement, utilement, indiscutablement, le mot "**classique**" ».
Il faut donc sans doute **chercher une origine ancienne et littéraire** (et non moderne ou sociale) à la modernité de Flaubert, et à la rupture profonde qu'il provoque dans l'histoire du roman. C'est peut-être, malgré les apparences, **la notion d'humour** qui pourrait constituer une aide directe pour mesurer l'originalité de son œuvre.

B. LA NOTION D'HUMOUR

a. Définition

« **Humour** n.m. Forme d'esprit qui cherche à mettre en valeur avec drôlerie le caractère ridicule, insolite ou absurde de certains aspects de la réalité, qui dissimule sous un air sérieux une raillerie caustique. **Roman plein d'humour. — Humour noir**, qui souligne avec cruauté, amertume et parfois désespoir l'absurdité du monde. »
Chaque terme, dans cette définition du *Petit Larousse illustré*, est déjà directement intéressant. Mais il y a sans doute des rapprochements plus éclairants. Octavio Paz affirme, en effet, que l'humour ne prend forme qu'avec Cervantès (le maître des maîtres pour Flaubert), et fait de cette **notion « la grande invention de l'esprit moderne »**, par la constante ambiguïté que garde l'humour dans ses manifestations. Le mot ne date,

d'ailleurs, que de la fin du siècle dernier, et les sens qu'il a pris peu à peu semblent bien répondre, pour l'essentiel, aux particularités des romans écrits par Flaubert.

b. L'humour selon Flaubert

Flaubert n'ignore pas l'ironie, qui consiste à dire le contraire de la vérité pour mieux exprimer cette vérité (par exemple lorsque Charles Bovary, étudiant, passe tout son temps au café, chapitre I : « Grâce à ces travaux préparatoires, il échoua complètement à son examen d'officier de santé »), mais le plus souvent il préfère l'humour, et ses décalages plus nuancés mais significatifs, sous une apparence sérieuse :

- **Les décalages internes**, lorsque les différents éléments de la description ou du dialogue se trouvent seulement mis en présence, comme pour la casquette de Charles, le gâteau de mariage, la tenue de Rodolphe, ou pour la scène des Comices dans *Madame Bovary*.
- **Les décalages externes**, lorsque des paroles ou des faits sont ridicules par rapport au contexte (par exemple Homais qui sermonne Justin presque évanoui, ou qui tient à faire analyser l'arsenic « car il savait qu'il faut, dans tous les empoisonnements, faire une analyse » (chapitre VIII).
- **Les jugements directement venus de l'auteur**, et qui appuient les décalages précédents, comme dans le jardin de Bouvard et de Pécuchet. « Ils avaient sacrifié les asperges pour bâtir à la place un tombeau étrusque, c'est-à-dire un quadrilatère en plâtre noir, ayant six pieds de hauteur, et l'apparence d'une niche à chien » (chapitre II).

C. DES ROMANS D'HUMOUR

a. Un recul progressif

Cette notion d'humour, au sens large, ne rend pas seulement compte du *Dictionnaire des idées reçues*, mais peut-être aussi de toutes les originalités dans la « syntaxe déformante » et dans le subjectivisme nouveau salués par Marcel Proust. Le système des temps, l'énonciation indirecte et indécise, les grands dialogues (entre Homais et l'abbé Bournisien, entre Emma et ses soupirants) capables, comme chez Voltaire, de disqualifier directement les locuteurs, tout cela semble innocent au premier degré. Mais le vrai lecteur est ainsi amené, par étapes, à remettre en cause le monde qui lui est présenté, car ce monde apparaît alors (celui de la fiction, mais aussi celui de la réalité) comme **de plus en plus factice ou dérisoire**.

Une fois de plus, c'est sans doute dans le « **classicisme** » de Flaubert, et dans sa fidélité à des maîtres de l'ironie et de la satire (Cervantès, mais aussi Rabelais, Molière, Shakespeare, le Voltaire des *Contes*, La Bruyère et Boileau), qu'il faut chercher l'origine du regard nouveau que ses romans portent sur l'homme, et de son originalité dans l'histoire littéraire.

b. Un univers moins familier

Prenons, presque au hasard, deux passages très éloignés dans son œuvre. L'un dans *Madame Bovary*, la description de l'église, avec sa « statuette de la Vierge, vêtue d'une robe de satin, coiffée d'un voile de tulle semé d'étoiles d'argent, et tout empourprée aux pommettes comme une idole des îles Sandwich » (II, I). L'autre dans *Bouvard et Pécuchet*, au moment où l'on découvre les « merveilles » rassemblées par les deux archéologues amateurs : « Mais le plus beau, c'était, dans l'embrasure de la fenêtre, une statue de saint Pierre ! Sa main droite couverte d'un gant serrait la clef du Paradis, de couleur vert pomme. Sa chasuble, que des fleurs de lis agrémentaient, était bleu ciel, et sa tiare, très jaune, pointue comme une pagode. Il avait les joues fardées, de gros yeux ronds, la bouche béante, le nez de travers et en trompette » (chapitre IV).

Jusque dans les moindres détails, **le texte doit donc donner au lecteur un sentiment d'étrangeté devant son propre univers et devant lui-même, devant ce qu'il voit, devant ce qu'il dit et devant ce qu'il pense**. Ainsi cet univers devient-il peu à peu moins naturel, de manière à faire naître l'esprit critique et à faire reculer les idées reçues. Les éléments de ressemblance avec le Réalisme et avec le Nouveau Roman apparaissent alors comme secondaires ou fortuits, puisqu'ils se trouvent réorientés dans une perspective qui leur donne sens, celle, si l'on peut dire, des romans d'humour.

D. UNE DOUBLE DIFFÉRENCE

La différence principale entre les romans de Flaubert et les autres romans d'éducation, par exemple ceux de Balzac et de Stendhal, est donc double : dans l'itinéraire du héros, mais aussi dans l'émergence progressive de la vérité.

a. Une simple confrontation

D'une part, en effet, le lecteur de Flaubert ne reçoit presque aucune explication venue du narrateur ou d'initiateurs sur le sens du drame en train de se jouer sous ses yeux (comme, par exemple, Madame de Beauséant ou Vautrin dans *Le Père Goriot*). **La satire se met en place, comme dans les images « sans légende », par la simple confrontation des idées reçues entre elles, par la simple opposition entre ce qui se dit et ce qui se fait, par la distance de plus en plus grande entre le rêve et la réalité, par la vanité voyante du dialogue ou des actes**. Dans tous ces décalages, dans cette mise en évidence progressive de la fausseté ou de la pauvreté de nos certitudes, les procédés de l'humour jouent un rôle essentiel.

À côté de cette vision pessimiste des « **dindes** » et des « **vautours** » (▶ **chapitre 6, A**), il ne faut pas oublier, tout de même, la sympathie manifeste pour les héros (souvent humbles) capables d'échapper au « bovarysme » inhérent à la créature humaine en privilégiant la « vie interne » et le rêve. On pourrait même, en quelque sorte, inverser pour eux la notion d'humour : au lieu de montrer tout ce qu'il y a de dérisoire dans ce qui passe pour sérieux, Flaubert met en lumière, en effet, tout ce qu'il y a de noble et de sincère dans ce qui peut passer pour dérisoire, les superstitions de Félicité ou les déconvenues des deux amis dans *Bouvard et Pécuchet* : autre manière de lutter contre les idées toutes faites.

b. Du rêve à la réalité

D'autre part, le personnage principal ne passe pas de l'ignorance à la certitude, de la maladresse à la maîtrise, comme lorsque Rastignac découvrait avec ivresse les secrets de l'amour et de la grande société parisienne. **Chez Flaubert, le héros passe des certitudes imprudentes aux doutes, de manière parfois tragique et douloureuse**. Dans le miroir enchanté du roman, qui devait révéler les merveilles et la vérité du monde, les images alors se brouillent et se ternissent. Le héros ou l'héroïne, qui se croyait déjà transporté dans un univers de légende, retombe brutalement dans la désespérante réalité, où les carrosses sont redevenus citrouilles, où les rêves sont devenus cauchemars. Ce désenchantement progressif, sous des formes très différentes, est comme la marque de Flaubert dans tous ses projets d'écriture.

L'originalité de cette fiction est d'autant plus forte, bien sûr, que la disparition des fausses vérités ne débouche sur aucune vérité nouvelle, mais sur un constat de la fragilité humaine et des précautions à prendre pour éviter le naufrage complet : **le monde des apparences, quand il se dissipe, ne laisse entrevoir aucune Terre promise, mais seulement d'autres ombres trompeuses et mouvantes**, puisque, pour Flaubert, « les accidents du monde » ne constituent par définition qu'« une illusion à décrire » (*Préface* aux *Dernières Chansons* de Louis Bouilhet). Finalement, le rôle joué par Flaubert dans l'histoire du roman ressemble à celui tenu par Baudelaire dans la mutation du langage poétique, malgré des différences fortes — par exemple devant une « **modernité** » que Baudelaire appelle de ses vœux et définit dès 1863. Les deux hommes sont, en effet, des Romantiques impénitents, mais également des amoureux des Classiques, ils ne sacrifient ni l'inspiration ni le travail, ils ne croient ni dans l'homme, ni dans le Progrès, et éprouvent le même dégoût devant la Nature, la vie bourgeoise et l'action quotidienne, la même fascination pour le rêve, l'évasion et l'Idéal. Mieux que tous les autres, ils symbolisent donc ce moment où la littérature, après la grande éruption romantique, a éprouvé, par contrecoup, le besoin de couler cette lave dans un moule plus traditionnel, afin de fondre la rigueur apollinienne et la flamme dionysiaque dans une forme à la fois exacte et ardente, et de lui donner ainsi, pour compenser la laideur et la vanité du monde, une sorte d'éternité.

L'ŒUVRE DE FLAUBERT : CHRONOLOGIE GÉNÉRALE

« Je n'ai aucune biographie », affirme en août 1859 Flaubert, très agacé par les gens qui apprennent au public « que vous êtes brun ou blond, facétieux ou mélancolique, âgé de tant de printemps ». En effet, « l'écrivain ne doit laisser de lui que ses œuvres. Sa vie importe peu. Arrière la guenille ! » Le romancier rêvera même d'envoyer des billets de faire-part annonçant sa mort, pour qu'on le laisse enfin tranquille...

Cette chronologie, en conséquence, ne cherche qu'à replacer chacune des œuvres, avec le long « voyage » qu'elle représente, dans le contexte de l'époque et dans la vie de l'écrivain.

Vie et œuvres de Flaubert	**Événements politiques et littéraires**
1821 12 décembre : naissance à l'hôtel-Dieu de Rouen, où son père est médecin chef	
	1830 25 février : première d'*Hernani* 27, 28, 29 juillet : Les Trois Glorieuses Abdication de Charles X, avènement de Louis-Philippe
1831 Entrée en huitième au collège royal de Rouen	
	1834 *Le Père Goriot* (Balzac)
● Œuvres de jeunesse (1836-1842)	
1836 avril : *Un parfum à sentir* juin : *La Femme du monde* décembre : *Rage et Impuissance*	

Vie et œuvres de Flaubert	**Événements politiques et littéraires**
1837 février : *Bibliomanie* mars : *Une leçon d'histoire naturelle, genre commis* octobre : *Quidquid volueris* décembre : *Passion et Vertu*	
1838 mars : *Loys XI* avril : *Agonies, pensées sceptiques* *La Danse des morts* juin : *Ivre et Mort* *Mémoires d'un fou*	**1838** *Ruy Blas* (Victor Hugo)
1839 avril : *Smarh* août : *Les Funérailles du docteur Mathurin*	
1840 *Souvenirs, notes et pensées intimes* août : Baccalauréat ès lettres	
1842 octobre : fin de *Novembre*	
● ***L'Éducation sentimentale* de 1845**	
1843 février : début	
1844 janvier : première crise d'épilepsie juin : installation de la famille Flaubert à Croisset	
1845 janvier : fin de la rédaction avril-juin : voyage familial en Italie (Flaubert admire à Gênes *La Tentation de saint Antoine*, de Breughel).	**1845** *España* (Théophile Gautier)
1846 15 janvier : mort de son père, le docteur Achille Flaubert	

22 mars : mort de sa jeune sœur, Caroline
6 juillet : mariage de son ami, Alfred Le Poittevin
juillet : liaison avec Louise Colet (début)

1847
mai-août : voyage en Bretagne avec Maxime Du Camp

1848
3 avril : mort d'Alfred Le Poittevin

1848
février : révolution et départ de Louis-Philippe

● ***La Tentation de saint Antoine* (1848-1849)**

1848
Gouvernement provisoire
24 mai : début
août : première rupture avec Louise Colet

1848
juin : écrasement du peuple révolté par la bourgeoisie

1849
12 septembre : fin de la rédaction

● **Le voyage en Orient (1849-1851)**
29 octobre : départ pour l'Orient avec Maxime Du Camp. Égypte

1850
Égypte et Moyen-Orient (Jérusalem, Damas, Beyrouth)
Constantinople, Athènes

1850
19 août : mort de Balzac

1851
Grèce, Italie
juin : retour à Paris
juillet : réconciliation avec Louise Colet

1847-1853
Histoire de la Révolution (Jules Michelet) en sept volumes

● ***Madame Bovary* (1851-1856)**

1851
19 septembre : début

1851
2 décembre : coup d'État de Louis-Napoléon Bonaparte

Vie et œuvres de Flaubert	Événements politiques et littéraires
	Émaux et Camées (Théophile Gautier)
	1853 *Les Châtiments* (Victor Hugo)
1855 6 mars : rupture définitive avec Louise Colet	
1856 30 avril : fin de la rédaction octobre-décembre : publication dans *La Revue de Paris*	**1856** *Les Contemplations* (Victor Hugo)
1857 janvier-février : procès de *Madame Bovary* et acquittement avril : publication chez Michel Lévy	
● ***La Tentation de saint Antoine* (1856)**	
1856 mai-octobre : reprise de la pièce décembre-janvier 1857 : publication en revue de quelques fragments	
● ***Salammbô* (1857-1862)**	
1857 1er septembre : début	**1857** *Les Fleurs du mal* (Baudelaire)
1858 avril-juin : voyage à Carthage (Tunisie, Algérie)	**1858** *Le Roman de la momie* (Théophile Gautier)
1862 avril : fin de la rédaction Publication chez Michel Lévy	**1862** *Les Misérables* (Victor Hugo)
	1862-1863 Début des dîners Magny Flaubert rencontre Sainte-Beuve, les Goncourt puis Tourgueniev et George Sand

● *L'Éducation sentimentale* (1864-1869)

1864
avril : mariage de sa nièce, Caroline, avec Ernest Commanville
1er septembre : début de la rédaction

1865
Germinie Lacerteux (Les Goncourt)

1866
15 août : Flaubert reçoit la Légion d'honneur

1867
août : mort de Baudelaire

1869
16 mai : fin de la rédaction
18 juillet : mort de Louis Bouilhet
novembre : publication chez Michel Lévy

● *La Tentation de saint Antoine* (1870-1872)

1870
mai-juin : *Préface* pour les *Dernières Chansons* de Louis Bouilhet.
juillet : début de la rédaction

1870
septembre : guerre franco-allemande
effondrement militaire de la France
4 septembre : proclamation de la République

1871
janvier : Paris capitule
mai : semaine sanglante
Les Versaillais écrasent la Commune.

1872
6 avril : mort de sa mère
20 juin : fin de la rédaction

1872
mort de Théophile Gautier

1874
avril : publication chez Georges Carpentier

Vie et œuvres de Flaubert	Événements politiques et littéraires
● ***Bouvard et Pécuchet* (1872-1875)**	
1872 reprise du plan de 1863	
	1873 fin de l'occupation allemande
1874 début de la rédaction	
1875 mai-juin : ruine des Commanville, interruption de la rédaction	
● ***Trois Contes* (1875-1877)**	
La Légende de saint Julien l'Hospitalier **1875** septembre : début de la rédaction **1876** février : fin de la rédaction	
Un cœur simple **1876** mars : début de la rédaction août : fin de la rédaction	**1876** 8 juin : mort de George Sand
Hérodias **1876** août : début de la rédaction	
1877 janvier : fin de la rédaction	**1877** *L'Assommoir* (Émile Zola)
● ***Bouvard et Pécuchet* (1877-1880)**	
1877 juin : reprise de la rédaction	
1880 8 mai : mort subite de Flaubert, qui laisse le roman inachevé	**1880** *Nana* (Émile Zola) *Boule de suif* (Maupassant)
1881 décembre : publication chez Lemerre	

CONSEILS DE LECTURE

JEAN BRUNEAU, *Les Débuts littéraires de Gustave Flaubert,* Paris, Armand Colin, 1962.

Sur *Madame Bovary* :

MICHEL MARTINEZ, *Madame Bovary*, Parcours de lecture, Paris, Éditions Bertrand-Lacoste, 1991.

Madame Bovary – Classiques Garnier – Introduction de CLAUDINE GOTHOT-MERSCH, pages V à LXIII. Un texte de référence, qui garde toute son actualité, en dehors de quelques détails, et qui peut servir de point de départ pour une étude plus poussée.

Sur *L'Éducation sentimentale* :

JEANNE-ANTIDE HUYNH, *L'Éducation sentimentale*, Parcours de lecture, Paris, Éditions Bertrand-Lacoste, 1995.

L'Éducation sentimentale – Classiques Garnier – Préface de PETER MICHAEL WETHERHILL, pages XVII à CXIV: chacun pourra puiser, selon ses besoins, dans cet ensemble dense et précis, aux différentes rubriques faciles à retrouver.

On trouvera également dans cet ouvrage une bibliographie utile sur le roman et sur l'auteur (pages CXV à CXXVI).

Sur *Trois Contes* :

ÉMILIA NDIAYE, *Trois Contes,* Parcours de lecture, Paris, Éditions Bertrand-Lacoste, 1995.

Trois Contes – Classiques Garnier – Introduction générale de PETER MICHAEL WETHERHILL, pages 19 à 143 (et particulièrement « Les Thèmes des trois contes », pages 80 à 124).

Sur l'œuvre de Flaubert

Travail de Flaubert, Paris, Éd. du Seuil, coll. « Points », 1983 : dix articles célèbres et très différents, qui constituent une introduction très stimulante à la critique du romancier, et qui permettent d'accéder à des textes de référence (par exemple CLAUDE DUCHET : *Roman et Objets*, MICHEL RAIMOND : *Le Réalisme subjectif dans* L'Éducation sentimentale, ou CLAUDINE GOTHOT-MERSCH : *La Parole des personnages*).

RÉALISATION : ALPHA PRESSE À PARIS
IMPRESSION : AUBIN IMPRIMEUR À POITIERS
DÉPÔT LÉGAL AVRIL 1998. N° 30906 (L55774)